Me encanta...
tejer con agujas

25 sencillos proyectos para tejer con agujas

Me encanta...
tejer con agujas

25 sencillos proyectos para tejer con agujas

Val Pierce

Grupo Editorial Tomo, S.A. de C.V.,
Nicolás San Juan 1043,
03100, México, D.F.

1a. edición, abril 2013.

© *Love...Knitting*
25 Simple Projects to Knit
Copyright © 2010 texto: Val Pierce
Copyright © 2010 fotografías e ilustraciones: New Holland
Publishers (UK) Ltd
Primero publicado en Australia en 2010 por
New Holland Publishers (Australia) Pty Ltd.
14 Aquatic Drive Frenchs Forest NSW 2086, Australia

© 2013, Grupo Editorial Tomo, S.A. de C.V.
Nicolás San Juan 1043, Col. Del Valle
03100 México, D.F.
Tels. 5575-6615, 5575-8701 y 5575-0186
Fax. 5575-6695
http://www.grupotomo.com.mx
ISBN-13: 978-607-415-488-7
Miembro de la Cámara Nacional
de la Industria Editorial No 2961

Traducción: Ivonne Alcocer Álvarez
Diseño de Portada: Karla Silva
Formación Tipográfica: Armando Hernández
Supervisor de producción: Leonardo Figueroa

Este libro se publicó conforme al contrato establecido entre
New Holland Publishers Pty Ltd y *Grupo Editorial Tomo, S.A. de C.V*

Impreso en México - *Printed in Mexico*

CONTENIDO

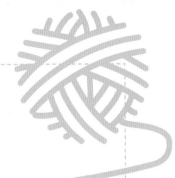

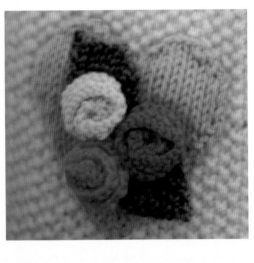

Introducción

Escribí este libro con la intención de sumergirte en el maravilloso mundo del tejido. En estos días y época de producción masiva te debes preguntar si todavía vale la pena aprender a tejer. Mi respuesta es un contundente ¡sí! Es un oficio increíble, y a menudo nada caro, que te dará horas de diversión y relajación y además piezas hermosas que tú y tu familia podrán disfrutar.

Las tejedoras son una raza muy diversa, van desde las niñas que hacen sus primeras puntaditas, hasta las adolescentes que tejen las fundas de sus iPod o bufandas. Las mamás y las abuelas tejen cosas hermosas para sus bebés, y las mujeres adultas tejen bolsas y cualquier tipo de accesorio, a sabiendas de que será único y diferente de cualquiera de sus amigas.

Una vez que tengas el control con las técnicas de puntadas, te darás cuenta de que es un pasatiempo muy relajante y que lo puedes hacer sola o con un grupo de amigas. En años recientes, los clubs de tejido se dan en cada esquina, atrayendo gente de todas las edades y ambientes, ¡incluso los ricos y famosos aman tejer! Es un arte que ha tenido un resurgimiento muy merecido.

Por supuesto que puedes salir a la calle y comprarte una bolsa, y eso está bien si tu única intención es la funcionalidad. Pero no hay nada como planear tu siguiente proyecto: La emoción de observar los patrones, el sensual placer de tocar todos los estambres, la gran variedad de colores y texturas... Y allí está la emoción anticipada ¡mientras trabajas y observas cómo va formándose la pieza bajo tus propios ojos!

Con esto en mente, los proyectos de este libro están hechos con los estambres más hermosos, con los colores más femeninos (aunque por supuesto cada quien es libre de escoger el color que le va mejor). Los proyectos están clasificados de diseños simples para principiantes hasta los más aventurados para las tejedoras más experimentadas. Cada uno de los 25 diseños está calificado por estrellas que representan el grado de dificultad, así que rápidamente puedes escoger cuál es para ti con base en tu nivel de experiencia, ¡por qué no mejorar tu trabajo a lo largo del libro!

Espero que te diviertas con la variedad de estos diseños, puntadas y estambres, ¡porque yo sí lo hice!

Val Pierce

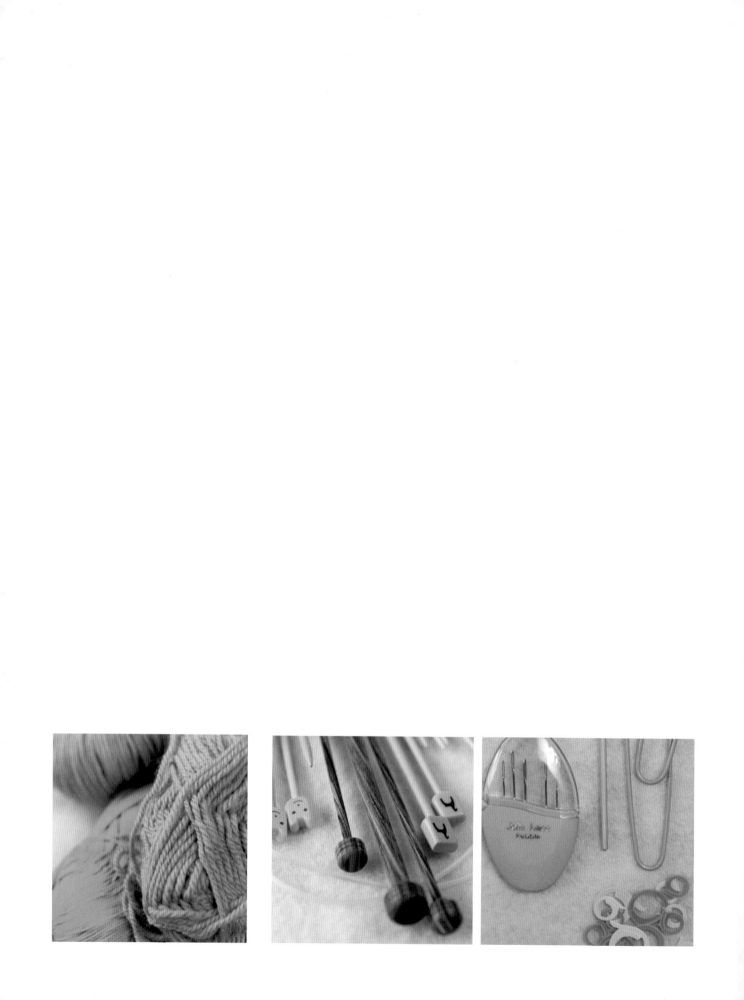

Los básicos

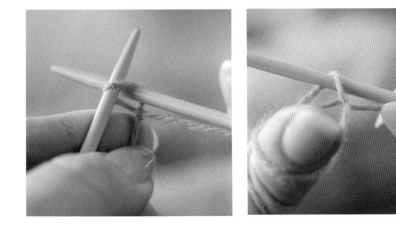
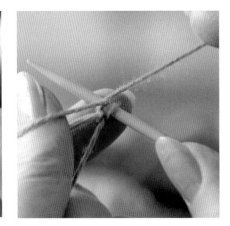

Materiales

Como en todas las buenas recetas los ingredientes son la base fundamental para el éxito del producto terminado. Sustituye la palabra "ingredientes" por "materiales" y el mismo principio aplica para el tejido. Una vez que hayas encontrado el patrón que quieres tejer, necesitas asegurarte de tener todo el equipo y material necesarios para poder comenzar.

ESTAMBRES

Los estambres vienen en diferentes grosores, pesos o hebras, también difieren en las fibras que contienen. En esencia, existen dos principales tipos de fibras: Las hechas por el hombre y las naturales. Lana, algodón, seda, angora, alpaca y cachemira son todas fibras naturales; son fáciles de manejar pero normalmente caras. Los estambres metálicos, nailon y poliéster, por mencionar algunos, son fibras hechas por el hombre. Éstas a menudo están mezcladas con fibras naturales para lograr estambres durables y prácticos que son mucho más baratos que los de fibras naturales.

Los estambres más finos son de dos y tres hebras; éstos normalmente se usan para patrones delicados, ropa de bebé y chales. Los de cuatro hebras y doble nudo son los que más se utilizan en la mayoría de las prendas. Ahora, pasamos a los estambres gruesos con los que se teje más rápido para producir prendas más calientes. Los últimos pero no menos importantes son la infinita selección de estambres de moda disponibles hoy en día. Ellos incorporan

AGUJAS DE TEJER

Una vez que escogiste el estambre, necesitarás unas agujas de buena calidad. Las agujas vienen principalmente en tres tipos: Rectas de una punta, circulares y de doble punta, cada tipo tiene su uso particular. La mayoría de las prendas están hechas con la rectas de una punta, ocasionalmente se podría necesitar una aguja circular para recoger varios puntos alrededor de las bandas frontales de los suéteres. Sin embargo, las agujas circulares generalmente se usan para las prendas sin costuras; o cuando el número de puntadas es muy grande para sostenerlas cómodamente en una aguja recta. Las agujas de doble puntas se usan normalmente para hacer calcetines y otras prendas que no requieren costura.

Hoy en día existen muchas agujas en el mercado, van desde metal, plástico, bambú y las más caras y bonitas, las

listones, mezclas de lana y algodón, metálicos y muchas otras combinaciones de fibras y texturas que cuando se tejen producen efectos sorprendentes.

Decidir el estambre para un proyecto es todo un reto, ya que hoy en día estamos expuestos a colecciones fantásticas de dónde escoger. Un patrón de tejido siempre propondrá un tipo de estambre y en la medida de lo posible deberás seguirlo, de otra forma el resultado podrá verse alterado. La mayoría de las personas que trabajan en las tiendas de estambres son capaces de ayudarte en caso de que lo necesites.

de madera. También vienen en diferentes longitudes, ya que algunas personas las prefieren largas y otras cortas; esto es cuestión de gusto. Para comenzar, yo te sugiero comprar unas de precio medio; una vez que tengas más confianza y sientas que éste es un oficio para ti, entonces podrías invertir en unas más caras de madera, si así lo deseas.

Accesorios de tejido

Existe una gran cantidad de accesorios para tejer, cada uno está diseñado para cierta tarea y hará un poco más sencillo tu tejido. Me gustaría recomendarte que compres algunos ganchos auxiliares, una aguja cable, una cinta métrica, un gancho de crochet (invaluable para recuperar puntos perdidos) y una variedad de agujas para coser, algunas con ojal grande para ensartar el estambre.

Las bobinas para estambre son maravillosas cuando quieres trabajar con pequeñas cantidades de diferentes colores, ya que no permiten que se enreden los estambres. Unas tijeras bien afiladas son muy útiles y además te ayudan a mantener tu bolsa o caja de tejido en orden. Un contador de vueltas te ayudará a recordar en qué parte del patrón te quedaste y los marcadores de puntadas siempre son excelentes, ya que te permiten saber en dónde comienzan y terminan tus vueltas.

Tabla de conversión de agujas de tejer

Métrico	Inglés	Americano
2 mm	14	0
2¼ mm	13	1
2¾ mm	12	2
3 mm	11	⅔
3¼ mm	10	3
3¾ mm	9	5
4 mm	8	6
4½ mm	7	7
5 mm	6	8
5½ mm	5	9
6 mm	4	10
6½ mm	3	10½
7 mm	2	10½
7½ mm	1	11
8 mm	0	11
9 mm	00	13
10 mm	000	15

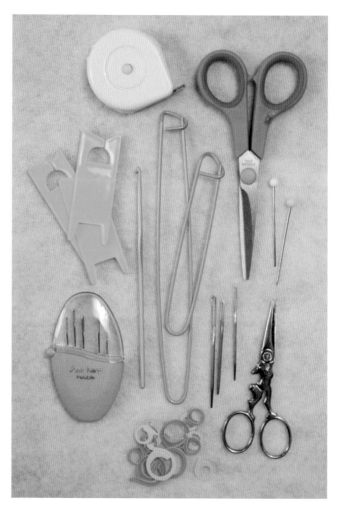

Consejos y sugerencias

Tejer necesita práctica, y no importa que tan experta tejedora seas, los siguientes consejos te ayudarán a asegurar que todos tus proyectos sean un éxito.

Terminología del tejido

Cuando leas un patrón de tejido notarás que las instrucciones tienen un vocabulario especial, que por lo general se utiliza de forma abreviada. Esto puede ser un poco confuso cuando tejes por primera vez, pero pronto aprenderás el "lenguaje". Aquí hay una lista de los términos más comunes en el tejido y sus significados. Algunos patrones de este libro contienen abreviaciones específicas de un proyecto en particular, ésas están enlistadas en la página.

Abreviaciones

D= derecho

R= revés

2dj= 2 derechos juntos, en consecuencia se reduce una puntada.

2rj= 2 reveses juntos.

Xal= por atrás de la lazada.

Alt= alternar

Rep= repetir

P= puntada, punto (s)

Des 1= desliza 1

Pat= patrón

Pd= puntada deslizada

EA= estambre adelante, en consecuencia hacer una puntada o un hoyo en los patrones de encaje.

Eea= enredar estambre en la aguja

Dp= doble punta

M1 = Haz un punto recuperando la hebra de estambre que cae entre el punto que estás trabajando y el siguiente punto en la aguja y téjelo por atrás de éste, siendo así se agrega 1 punto.

Una vez que hayas dominado las técnicas básicas del tejido querrás embarcarte en tu primer proyecto. El tiempo que pases tejiendo será mejor recompensado si sigues ciertas reglas generales. Desde mi experiencia a través de los años, muchos consejos y sugerencias vienen a mi mente, pero aquí menciono los mejores de mi lista:

- A la mayoría de las tejedoras les causa dolor de cabeza la "tensión", esa pequeña e insignificante palabra que aparece en todos los patrones, ese cuadrado que tenemos que perder tiempo tejiendo, ¡cuando lo único que queremos hacer es empezar nuestro proyecto nuevo! La tensión es la resistencia en el estambre a medida que pasa por los dedos que lo están controlando. Una tensión consistente y exacta es lo que cada tejedora nueva desea lograr. Es importante lograr la tensión adecuada, ya que ésta determina el tamaño final de la prenda y si entrarás en ella o te quedará muy grande. Tomarse esa hora extra para tejer un par de muestras para obtener la tensión correcta vale la pena. Asegúrate de estar usando el estambre correcto y no temas cambiar el tamaño de las agujas de las que se proponen.

- Nunca unas una bola nueva de estambre en medio de una vuelta, hacerlo en la orilla es mucho mejor y le dará un terminado mucho más profesional a tu prenda. Tratar de atar los extremos sueltos de estambre en el centro de una vuelta te dará bolas extras o incluso un hoyo.

- Revisa la parte trasera mientras trabajas. Es mucho más sencillo deshacer una o dos vueltas para rectificar un error, que terminar una pieza completa, coserla y luego, horror, de horrores, encontrar una equivocación.

- Cuando estés haciendo una prenda mide el largo contra una guía, aunque también asegúrate de contar el número de vueltas que has tejido para las sisas, la espalda, el frente y las mangas antes de terminarlas. Es mucho más sencillo empatar vuelta con vuelta cuando la estás configurando. Medirlas aparte, sin una guía, puede darte una diferencia de cuatro o cinco vueltas; de cualquier manera tendrás que empatar las costuras o estirarlas para que coincidan, o deshacerlas para corregir la vuelta de diferencia.

- Igual de importante que la tensión es "el terminado" de la prenda. Muchos tejidos hermosos han sido arruinados por el terminado. La mayoría de los patrones te dirán qué tipo de costura recomiendan para cada estambre en particular o diseño. El peso y textura del estambre y puntada también pueden determinar cómo la debes coser. Es fundamental que al empatar rayas y patrones de listones o encaje te asegures de que las costuras no estén torcidas y que los cordones estén planos y alineados.

Técnicas

Esta sección describe las técnicas requeridas para enseñarte a tejer. Necesitarás tiempo y paciencia para aprender y perfeccionar las diferentes técnicas, pero con práctica y determinación rápidamente dominarás los básicos. Es inevitable que cometas errores, pero eso es parte del proceso de aprendizaje. Te darás cuenta de que en muy poco tiempo estarás tejiendo proyectos para ¡tu familia, tu casa y para ti!

MONTAR LOS PUNTOS

El primer paso en el tejido es aprender a montar los puntos. Esto forma la primera vuelta de puntadas y una orilla del proyecto terminado, normalmente la orilla de abajo. Hay muchas maneras de montar. Aquí te presentamos los dos métodos más utilizados.

Método de las dos agujas

El tejido comienza con la fundación de la primera vuelta de lazadas ensartadas en una aguja. La otra aguja se usa para construir una serie de lazadas entrelazadas en las vueltas. Agarra la aguja con las puntadas en tu mano izquierda y la aguja para hacer las puntadas en tu mano derecha. (La gente zurda deberá hacerlo a la inversa).

1 Haz un nudo corredizo a unos 10 cm del final del estambre y sostén la aguja con tu mano izquierda.

2 Inserta la aguja de la mano derecha a través de la parte frontal de la lazada y por debajo de la aguja de la mano izquierda.

3 Pasa el estambre por abajo y sobre el punto de la aguja en la mano derecha.

4 Usando la aguja de tu mano derecha, desliza el estambre a través del nudo corredizo para formar una puntada.

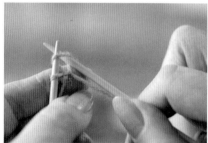

5 Transfiere la puntada nueva a la aguja de tu mano izquierda, colocándola detrás del nudo corredizo. Inserta la aguja de la mano derecha a través del frente de la nueva puntada y por debajo de la aguja de la mano izquierda.

6 Toma el estambre que estás trabajando por abajo y por arriba del punto de la aguja en tu mano derecha para formar la siguiente puntada. Continúa de esta manera hasta que hayas alcanzado el número de puntadas establecidas.

Método de una aguja o del pulgar

Este método da una orilla más elástica al tejido.

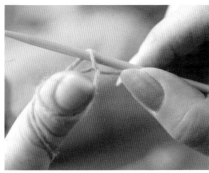

1 Desenrolla suficiente estambre de la bola para que puedas alcanzar el número de puntadas establecidas. Enreda el estambre dos veces en el dedo pulgar de tu mano izquierda.

2 Pon la aguja de la mano derecha a través de la lazada...

3 ... y jálalo para formar un nudo corredizo.

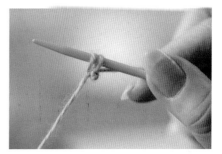

4 Sostén la aguja en tu mano derecha, enreda estambre en dirección de las manecillas del reloj, alrededor de tu pulgar izquierdo, y sostenlo firmemente.

5 Inserta la punta de la aguja a través de la lazada, enreda el estambre de tu mano izquierda alrededor de la parte trasera de la punta de la aguja y entre la aguja y tu dedo pulgar, y jala la punta de la aguja por debajo de la hebra, de este modo estarás formando una puntada.

6 Desliza la puntada en la aguja y cierra el nudo corredizo que se acaba de formar. Continúa de esta manera hasta que hayas alcanzado las puntadas establecidas.

Derecho (puntada)

Ahora que ya dominas montar los puntos, puedes empezar a formar el primero de dos movimientos fundamentales en el tejido con agujas. El derecho forma una lazada plana y vertical en el tejido. Hay dos métodos conocidos para hacer el derecho, los cuales se muestran aquí. Una vez que puedas hacer el derecho, podrás empezar a crear una pieza simple y lineal conocida como puntada seguida o resorte.

El método inglés /americano

En este método usas tu mano derecha para jalar el estambre alrededor de la aguja en la mano derecha. La cantidad de estambre usada en cada puntada se controla enredando el estambre de trabajo entre tus dos últimos dedos. Tu mano izquierda mueve el tejido hacia delante, mientras que tu mano derecha hace la puntada, levantando el estambre, colocándolo sobre la aguja y jalándolo a través de la lazada.

1 Sostén la aguja con los puntos montados en tu mano izquierda, enreda estambre alrededor de tu dedo meñique derecho, luego por debajo de los dos siguientes dedos y por la parte de arriba de tu dedo índice.

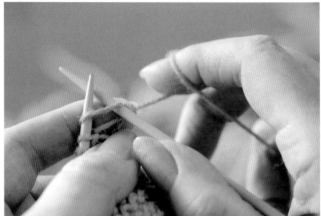

2 Mantén el estambre atrás del tejido, sostén la segunda aguja en tu mano derecha e insértala en la parte delantera de la primera puntada.

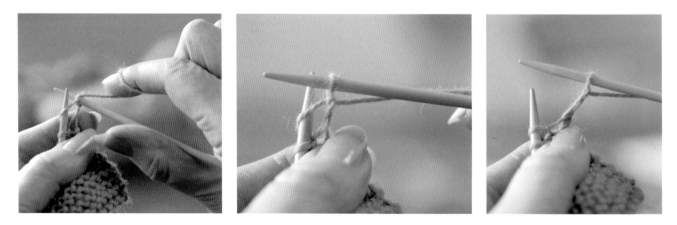

3 Con tu dedo índice derecho, trae el estambre hacia delante, abajo y encima de la punta de la aguja de la mano derecha.

4 Jala el estambre a través de la lazada y empuja la puntada resultante hacia la punta de la aguja en tu mano izquierda, así podrás deslizarla en la aguja de tu mano derecha.

El método continental

A veces se piensa que este método es más rápido que sostener el estambre con la mano derecha. Aquí usas el dedo índice izquierdo para mantener el estambre bajo tensión y para jalar el estambre hacia la aguja de la mano derecha. La cantidad de estambre que se libera, y de aquí la tensión, se controla con los dedos. Elevar un poco tu mano te ayudará a mantener el estambre tenso.

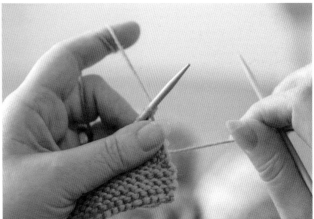

1 Sosteniendo la aguja con los puntos montados en tu mano derecha, enrolla estambre sobre tu dedo índice izquierdo y ponlo a lo largo de la palma de tu mano, luego toma la parte suelta entre tus últimos dos dedos.

2 Con el trabajo en tu mano izquierda, extiende tu dedo índice izquierdo, jalando el estambre por atrás de la aguja. Usando tu dedo pulgar izquierdo y el dedo medio, ahora vas a empujar la primera puntada hacia la punta de la aguja e insertar la aguja de tu mano derecha en la parte de enfrente de la puntada.

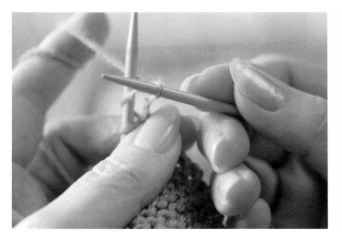

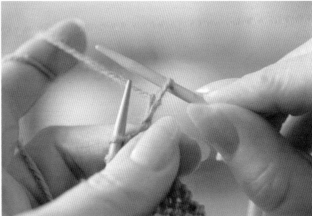

3 Tuerce la aguja de la mano derecha y coloca la punta de la mano derecha abajo del estambre de trabajo para jalar la lazada a la aguja de la mano derecha.

4 Podría ayudarte sostener la lazada con tu dedo índice derecho, mientras lo jalas hacia abajo a través de la puntada. Jala la nueva puntada a la aguja de la mano derecha.

REVÉS (puntada)

El revés es la otra puntada fundamental del tejido. Cuando usas esta puntada con el derecho formarás una puntada de jersey. Esto forma una prenda plana y lisa de un lado y ligeramente levantada del otro. Una vez que hayas aprendido y dominado estas dos técnicas, las puntadas formarán las bases de una amplia gama de patrones. Los dos métodos más usados para formar el revés son el inglés/americano y el continental.

El método inglés /americano

Con este método la aguja se pone en la parte de enfrente de la puntada, luego el estambre, que está sostenido en el frente, se enrolla sobre la parte trasera de la aguja. Los reveses a veces tienden a quedar un poco más sueltos que los derechos, así que mantener tus dedos más cercanos al trabajo te ayudará a lograr puntadas más parejas.

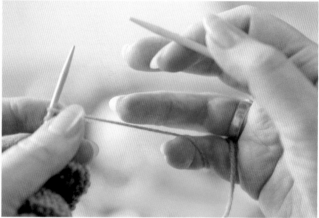

1 Sostén la aguja con los puntos montados o el tejido en tu mano izquierda, enrolla el estambre en tu dedo meñique, por debajo de los dos siguientes dedos y sobre el dedo índice de tu mano derecha.

2 Con el estambre en la parte de enfrente del trabajo, levanta la aguja de tu mano derecha e inserta la punta en la parte de enfrente de la primera puntada de la aguja de la mano izquierda.

3 Con el dedo índice derecho, enreda el estambre sobre la punta de la aguja de la mano derecha y luego por abajo.

4 Jala la lazada de la aguja de la mano derecha a través de la puntada y empuja la nueva puntada hacia la punta de la aguja de la mano izquierda. Ahora está lista para deslizar la puntada de la aguja derecha.

El método continental

Cuando se usa este método, tu dedo índice izquierdo sostiene el estambre de trabajo tenso, mientras que levantas la nueva lazada con la aguja de la mano derecha. Este movimiento se ayuda torciendo tu muñeca izquierda hacia adelante para liberar el estambre y luego, usando tu dedo medio, empujas el estambre hacia la punta de la aguja.

1 Sosteniendo la aguja con las puntadas en tu mano derecha, toma el estambre por encima de tu dedo índice izquierdo, crúzalo por la palma de tu mano y toma la parte floja entre tus últimos dos dedos.

2 Sosteniendo el trabajo en tu mano izquierda, levanta un poco tu dedo índice izquierdo, jalando el estambre de trabajo hacia el frente. Usando tu dedo pulgar y medio izquierdo empuja la primera puntada hacia la punta e inserta la aguja de la mano derecha en la parte de enfrente de la puntada. Detén la puntada con tu dedo índice derecho.

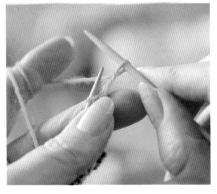

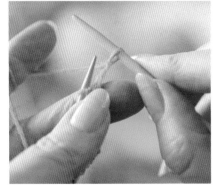

3 Tuerce tu muñeca izquierda ligeramente hacia atrás, luego usa el dedo índice izquierdo para enrollar el estambre alrededor de la aguja de la mano derecha.

4 Empuja hacia abajo y hacia atrás con la aguja de la mano derecha para jalar la lazada a través de la puntada…

5 … y desliza la nueva puntada hacia la aguja de la mano derecha. Endereza tu dedo índice izquierdo para apretar la nueva puntada y controlar la tensión.

Cerrar puntos

La técnica de cerrar puntos se usa para terminar la orilla del final de tu trabajo. También se usa cuando necesitas dar forma a las piezas del trabajo o para hacer ojales. Normalmente vas a cerrar los puntos en el lado derecho del trabajo, aunque casi siempre los patrones te dirán de qué lado hacerlo.

Cuando sigues algunas instrucciones de tejido, te van a decir que cierres los puntos en el patrón que estás trabajando, con la finalidad de dar un terminado particular. No dejes muy apretadas las puntadas cuando estés cerrando puntos porque esto puede terminar en una orilla fruncida o dificultar la cosida de la prenda.

1 Trabaja las dos primeras puntadas del patrón. ** Con el estambre en la parte de atrás del trabajo, inserta la punta de la aguja a través de la primera puntada.

2 Eleva la primera puntada sobre la segunda y luego sácalas de la aguja.

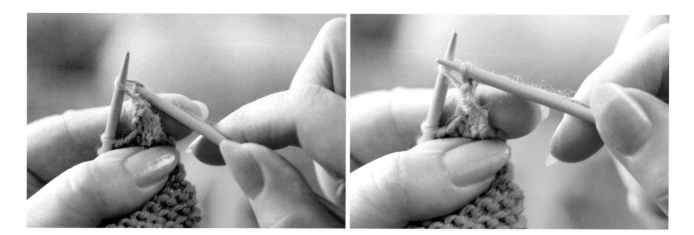

3 Trabaja la siguiente puntada del patrón**. Ahora repite la secuencia expuesta entre los asteriscos hasta que el número de puntadas establecidas sean cerradas. Vas a quedar con una sola puntada al terminar de cerrar los puntos: Sácala de la aguja y jala el final del estambre a través de ésta muy firmemente para asegurarlo.

Agregando

Cuando estás tejiendo una prenda que necesita forma, vas a necesitar agregar puntadas: Esta técnica se llama agregar. Esta técnica también se usa cuando estás haciendo ciertas puntadas de patrones, como la puntada de moras y los patrones de puntada abierta o floja. Cuando agregas a la forma de la prenda, normalmente se trabaja en pares para que la prenda se ensanche pareja de los dos lados. Cuando se agrega en patrones decorativos, se combinan con quitar para que la cuenta de puntadas se quede igual. Existen muchos métodos para agregar en el tejido: El estambre sobre el método es visible y se usa en patrones de encaje; los otros métodos se llaman invisibles. En realidad cada agregado es visible, pero alguno son más obvios que otros.

El método de la barra

Este método produce pequeñas puntadas horizontales del lado derecho del trabajo y es la más usada. Aquí, tejes en el frente y en la parte de atrás de una puntada para hacer dos puntadas. Este tipo de agregado se usa mucho en la forma de las mangas o en las prendas en donde el resultado "abultado" no importa si se nota.

1 Teje una puntada de la forma normal, pero no la saques de la aguja de tu mano izquierda.

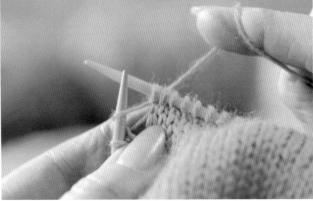

2 Inserta la punta de la aguja de tu mano derecha en la parte trasera de la misma puntada...

3 ... y vuélvela a tejer nuevamente.

4 Toma la puntada de la aguja de la forma usual. La puntada extra formada con este método produce una pequeña bola del lado derecho del trabajo y no es muy notable cuando se trabaja en la orilla de una prenda.

Quitando o reduciendo

Cuando estás tejiendo en algunas ocasiones tendrás que perder algunas puntadas en una vuelta, como cuando le estás dando forma a una sisa o escote. Cerrar puntos es el método más usado cuando necesitas quitar tres o más puntadas. Si sólo son una o dos puntadas las que tienes que quitar, puedes usar cualquiera de los métodos que aquí se describen. Reducir en prendas normalmente se hace en pares simétricos (como en la forma de un cuello en V o en la forma de la manga raglán). Cuando se va a quitar a la derecha del centro, la puntada se inclina hacia la izquierda; y a la inversa, si quitas a la izquierda del centro, la puntada se inclina a la derecha. Las inclinaciones derechas se hacen tejiendo o haciendo reveses dos puntadas juntas a través del frente de las dos lazadas; las inclinaciones izquierdas se hacen trabajando la parte trasera de las dos lazadas. Para quitar inclinaciones de puntada deslizada se hace en una sola dirección: De derecha a izquierda en el derecho y de izquierda a derecha en el revés. Quitar derecha e izquierda normalmente se usa en la misma vuelta.

Inclinación a la derecha (2dj)

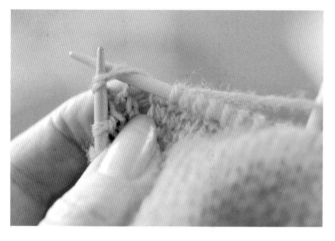

1 Inserta la aguja en las siguientes dos puntadas a través del frente de las dos lazadas. Enrolla estambre alrededor de la aguja y jálalo.

2 Transfiere la nueva puntada a la aguja de la mano derecha.

Inclinación a la izquierda (2rj)

1 Inserta la aguja en las siguientes dos puntadas a través de la parte trasera de las dos lazadas. Enrolla estambre en la guja.

2 Jala la hebra y transfiere la nueva puntada a la aguja de la mano derecha.

Quitando o reduciendo una puntada deslizada

Este método da una disminución ligeramente más flojita que cuando se tejen dos puntadas juntas. Si se usa en una vuelta de derecho, la inclinación de la disminución va de derecha a izquierda. En una vuelta de revés, se puede hacer una disminución similar, cuando se disminuye la inclinación va de izquierda a derecha.

En una vuelta de derecho

1 Mete una puntada de la aguja de tu mano izquierda a la aguja de tu mano derecha, luego teje la siguiente puntada.

2 Inserta la aguja de la mano izquierda en el frente de la puntada deslizada y jálala sobre la tejida.

3 La inclinación de derecha a izquierda hecha con esta disminución en una vuelta de derecho se usa del lado derecho del centro del trabajo.

Trenza

Usar trenzas en tu tejido transformará una prenda sencilla y simple en algo sorprendente. Los patrones demuestran cómo las trenzas se pueden usar en un panel simple o repetirlas en un proyecto completo para formar todo un diseño. La base de todos los patrones de trenza es una técnica sencilla por donde se cruzan las puntadas sobre otro grupo de puntadas en la misma vuelta y algunas de las puntadas que forman la trenza pueden estar sostenidas por atrás o por adelante del tejido en una aguja cable de doble punta, mientras que las otras puntadas se tejen. Las puntadas en la aguja cable se tejen después, formando una torsión en el tejido de la prenda. Las trenzas se pueden trabajar sobre muchas puntadas diferentes. La mayoría de los patrones establecerán cómo trabajar una trenza en particular y propondrán sus abreviaciones.

Trenza derecha

Sostener las puntadas en una aguja cable en el frente del trabajo siempre producirá una trenza derecha sobre izquierda.

1 Desliza las primeras tres puntadas en la aguja cable y sostenla en la parte de enfrente del trabajo.

2 Teje las siguientes tres puntadas en la aguja principal.

Trenza izquierda

Sostener las puntadas en una aguja cable en la parte de atrás del trabajo siempre producirá una trenza izquierda sobre derecha.

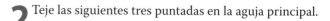

1 Desliza las primeras tres puntadas en la aguja cable y sostenla en la parte de atrás del trabajo.

2 Teje las siguientes tres puntadas en la aguja principal.

Recoger o levantar puntos

Cuando se hacen prendas siempre hay bandas en el cuello o en las orillas que facilitarán la necesidad de recoger puntos de la orilla de la prenda. Estas puntadas se necesitan recoger igualmente alrededor de toda la orilla para lograr un terminado uniforme y limpio. Cuando los bordes delanteros necesitan recoger puntos, siempre se recomienda medir y dividir las puntadas en igual cantidad adelante y atrás del cuello para que las bandas queden planas al tejerlas.

Recoger un punto de la orilla

3 Para completar, teje las tres puntadas sostenidas en la aguja cable.

1 Sostén el estambre de trabajo detrás de la pieza completa e inserta la aguja de tejido a través de éste, entre las vueltas y entre las dos últimas puntadas de cada vuelta, de adelante hacia atrás.

3 Finalmente, teje las tres puntadas sostenidas en la aguja cable.

2 Enrolla estambre sobre la aguja como si fueras a tejer una puntada, luego jala una lazada del estambre para formar una puntada. Continúa de esta manera hasta que se formen las puntadas necesarias.

Tejiendo con más de un color

Hay muchas maneras de mejorar tu tejido con el uso de más de un color. Hoy en día, existe una maravillosa colección de estambres de colores y texturas disponibles que harán tu elección más emocionante. Una de las formas más sencillas de agregar color a una prenda es haciendo rayas horizontales, uniendo estambres nuevos al inicio de cada vuelta. Al combinar diferentes texturas de estambres también se pueden logar asombrosos efectos en el tejido, pero ten cuidado de que los estambres sean de un peso similar o la tensión que se produzca variará mucho y tu trabajo se echará a perder. Otras formas de incorporar color incluyen los bloques de tejido, que implica usar bolas separadas de estambre de cada color y luego torcer los estambres juntos por la parte del revés del trabajo cuando se cambian los colores para evitar hacer hoyos. Intarsia es otro método e implica la necesidad de usar bolas separadas de estambre para cada puntada de color representada en la gráfica.

Agregando estambre nuevo al inicio de una vuelta

Usa este método cuando trabajes rayas horizontales.

1 Inserta la aguja de la mano derecha en la primera puntada de la aguja de la mano izquierda y enreda los dos estambres, el nuevo y el anterior, sobre ésta. Teje la puntada con ambos estambres.

2 Corta el estambre anterior y levanta el nuevo. Luego teje las siguientes dos puntadas con el final corto del estambre anterior y con el nuevo.

3 Quita el pedazo de estambre anterior y continúa tejiendo el patrón con el nuevo. En la vuelta subsecuente, teje del revés las tres puntadas dobles como de costumbre.

Trabajando a partir de un gráfico

Los patrones de colores y diseños a menudo vienen en gráficas en papel porque así es más fácil seguirlos. Cada cuadrado en la gráfica representa una puntada, y cada línea horizontal representa una vuelta de puntadas. Los gráficos pueden ser a colores o blanco y negro, y tienen entre corchetes los símbolos que representan los diferentes colores. Los gráficos se leen de abajo hacia arriba y normalmente de derecha a izquierda. Por lo general están en punto de jersey, con vueltas en números nones para los derechos y vueltas en pares para los reveses. La primera puntada de una gráfica siempre está en la esquina inferior derecha. Te ayudará usar algo recto, como una regla, debajo de cada vuelta para seguir más fácilmente la gráfica. Hay dos formas de cruzar los estambres en una vuelta cuando trabajas con más de un color. Las dos las explico aquí abajo.

Agregando estambre nuevo en medio de la vuelta

Sigue este método cuando uses el estambre original nuevamente en la misma vuelta. El estambre que no esté en uso tiene que ser llevado a la parte de atrás del trabajo. Detén la hebra un momento cuando sólo vas a tejer algunas puntadas de diferente color (no más de cuatro o cinco puntadas). Si la distancia entre las puntadas es de más de 5 o 6 puntadas, entonces debes tejerla. Fallar en esto podría dejar largas hebras de estambre en la parte trasera de tu trabajo que podrían arruinar tu prenda.

1 Con el estambre viejo en la parte trasera del trabajo, inserta la punta de la aguja de la mano derecha en la puntada. Enrolla el nuevo estambre sobre la aguja y úsalo como tu nueva puntada.

2 Teje las siguientes dos puntadas con ambos, el nuevo y los colores viejos.

3 Quita la parte corta y continúa tejiendo con el estambre nuevo mientras cargas el estambre viejo por la parte de atrás. En las vueltas subsecuentes, haz normalmente de revés las puntadas dobles.

Hebra

Cuando se usa más de un color en una vuelta, el estambre, que a veces se dice que flota, se levanta y se lleva por la parte de atrás del trabajo para hacer una nueva puntada. Este estambre se debe llevar por atrás del trabajo a la misma tensión que la que estás tejiendo. Si lo jalas mucho y lo aprietas, va a fruncir el trabajo; si lo dejas muy suelto, el trabajo tendrá hoyos o puntos muy grandes en donde cambie el color. Se necesita mucha práctica para perfeccionar esta técnica.

Entrelazado

Este método consiste en que el estambre sea llevado de manera alternada adelante y atrás en cada puntada que hagas, así que queda tejido en la misma prenda. Cuando tejes con muchos colores diferentes en la misma vuelta, se necesita enrollar pequeñas cantidades de estambre en las bobinas que te ayudarán a evitar que se enreden mientras trabajas. Entrelazar los estambres te dará mayor densidad y menos elasticidad en la prenda que el de la hebra.

Puntadas flojas o abiertas

Los diseños delicados y flojos normalmente se producen usando estambre sobre los aumentos. Los estambres finos y las agujas pequeñas hacen patrones flojos ideales para chales, suéteres cortos o mascadas, y son perfectos para el terminado de las orillas en prendas de vestir o bolsas. Los patrones con puntos abiertos también se pueden usar con estambres más gruesos, y esto le dará una apariencia más robusta a la prenda. Los dos métodos más usados para los patrones de puntos abiertos son encaje y ojal, que es un trabajo sólido de puntadas con pequeñas aberturas.

El encaje o puntada abierta puede ser un diseño de prenda completa o un panel que se combina con otras puntadas.

Cachemira, alpaca, mohair, sedas y algodones están entre los hermosos estambres que lucen impactantes cuando se tejen en patrones flojos o abiertos.

Las aberturas u hoyos se forman con el estambre sobre los aumentos: Esto será compensado por el mismo número de disminuciones, así que el número de puntadas quedará igual. Los ojales son otra forma de trabajo abierto. Cuando los ojales se hacen individualmente se pueden usar como pequeños ojales para botones o para tejer listones entre ellos, también se pueden usar para formar motivos decorativos colocándolos vertical u horizontalmente en combinación con vueltas de tejido simple.

Hilados sobre puntada de jersey

1 Para hacer hilados sobre la puntada de jersey, trae el estambre hacia delante al frente del trabajo, haz una lazada sobre la aguja de la mano derecha y luego teje la siguiente puntada.

2 La lazada y la puntada nueva ahora están en la aguja de la mano derecha.

3 Teje hasta el final de la vuelta.

4 En la siguiente vuelta y con el resto de las puntadas, haz de revés la lazada en la forma usual.

Bordado decorativo

Puntadas sencillas de bordado pueden agregar color y textura a la prenda tejida. Hay muchas puntadas de donde escoger, pero la que está ilustrada aquí abajo es el punto suizo. Ésta es una manera inteligente de colocar un motivo en tu prenda sin tener que tejerlo durante el tejido con las agujas.

Punto suizo en vueltas verticales

Saca la aguja del lado derecho del trabajo por debajo de la hebra de un derecho. Inserta la aguja de derecha a izquierda por atrás del derecho, directamente por encima, y jala el estambre para que se ajuste. Inserta el estambre por debajo de la misma hebra de donde salió el estambre por la primera mitad de la puntada. Saca la aguja por debajo de la hebra de derecho conectada directamente por encima de ella.

Punto suizo en vueltas horizontales

Saca la aguja del lado derecho del trabajo por debajo de la hebra de un derecho. Inserta la aguja de derecha a izquierda por atrás de la puntada que está encima y jala el estambre firmemente. Inserta la aguja por debajo de la misma hebra de donde salió el estambre por la primera mitad de la puntada. Vuelve a sacar la aguja por debajo de la hebra de la siguiente puntada a la izquierda.

Tensión

La importancia de la tensión ya se mencionó, por lo tanto aquí te mostraré cómo medirla correctamente. Obtener una tensión correcta es muy importante para el tamaño y ajuste de la prenda que estás tejiendo, así que antes de embarcarte en un proyecto, es imperativo que hagas una muestra de por lo menos 10 cm. Usando el número correcto de puntadas y vueltas establecidas en las instrucciones.

Revisando tu tensión

Al inicio todos los patrones citan la tensión requerida para el artículo que estás tejiendo. Un ejemplo sería:

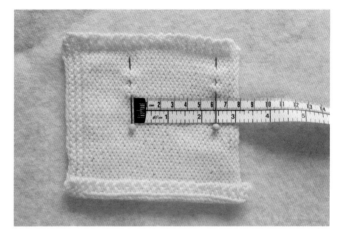

21p. × 27 v. sobre 10 cm

Usando esto como tu guía, haz una muestra de punto de jersey de 12 cm usando algunas puntadas más de las que se establecen en la guía (una medición exacta no puede ser de orilla a orilla, entonces algunas puntadas extras te permitirán asegurar con alfileres y medir algunas puntadas dentro de las orillas). Para medir el conteo de puntadas, coloca alfileres en la muestra para asegurarla sobre una superficie plana con el lado derecho hacia abajo sin estirarla, puede ser en un burro de planchar. Verás que es mucho más sencillo contar las vueltas del lado de atrás del trabajo.

Cuenta 21 puntadas en tu muestra y márcalo con alfileres, luego checa la medida. Si hay menos de 21 o 10 cm, usa unas agujas más pequeñas; si hay más, entonces usa unas agujas más grandes. Cada cadena horizontal representa una vuelta punto jersey; inserta un alfiler entre las cadenas y cuenta 27 vueltas, insertando el segundo alfiler en el hueco después de la última cadena contada. Usando una cinta métrica, checa la medida de estas vueltas como lo hiciste con el ancho.

El estambre y el patrón también pueden afectar la tensión; así que es igual de importante hacer una muestra si estás cambiando uno de ellos o de instrucciones. Cuando estás checando la tensión en un patrón acanalado necesitas estirar la pieza al ancho correcto antes de medirla. No temas cambiar las agujas mientras la tensión resulte correcta, así tu pieza tendrá la medida adecuada.

Una muestra que está muy grande.   Una muestra que está muy pequeña.   Una muestra del tamaño correcto.

Corrigiendo los errores

Mientras estás tejiendo, siempre es buena idea revisar tu trabajo constantemente para detectar cualquier error; mientras más pronto los identifiques, más fácil será corregirlos. Marca la vuelta en la que ocurrió el error, luego con cuidado deshaz el trabajo hasta una vuelta antes de donde está el error. Vuelve a colocar los puntos en las agujas, sosteniendo el estambre en la parte de atrás del trabajo e inserta la aguja de tu mano izquierda en el frente de la vuelta de la primera puntada debajo de la vuelta deshecha. Para quitar la puntada de arriba, jala el estambre trabajado. Haz esto con mucho cuidado, ya que es muy fácil dejar la puntada suelta debajo del tejido. Si esto llegara a suceder, usa un gancho de crochet para recuperar la puntada y trabajarla vuelta por vuelta, levantando la hebra de estambre por la parte de atrás de la puntada en cada vuelta hasta que llegues hasta arriba. Con cuidado desliza la puntada de regreso a la aguja y continúa trabajando.

Para terminar y costuras

Una vez que creaste tu obra maestra, necesitarás juntar todas las piezas: A esto se le dice "para terminar". No intentes correr en esta etapa, ya que una puntada chueca podría arruinar el hermoso proyecto tejido. Las costuras se deben hacer con una aguja de tapicería y escoger los hilos más parecidos. Algunos estambres de moda con listones y texturas voluminosas es mejor coserlos con estambres o hilos finos. No uses una hebra muy larga de hilo en cada ocasión, ya que algunos hilos finos se van desgastando con el paso entre el tejido.

Empata todos los patrones en la medida de lo posible, y si tienes rayas asegúrate de alinearlas mientras haces la costura. Trabajar del lado derecho de la pieza puede hacer esto más sencillo, ya que puedes ver cada raya o patrón al irlo cosiendo. Empata las orillas y las mangas, y cuando estés cosiendo las bandas frontales primero asegúralas en la posición, jalándolas ligeramente para darles un terminado más limpio. Las puntadas con volumen es mejor coserlas por el lado derecho del trabajo porque puedes empatar las "bolitas" mientras coses, esto hará que la costura sea casi invisible. La puntada trasera da una costura firme y limpia por dentro de la prenda. Las mangas raglán son sencillas de colocar en su lugar, sin embargo, coserlas puede ser un poco difícil. La parte superior de la manga suele ser ligeramente más larga que la sisa, así que dobla la manga a la mitad a lo largo y marca el centro del trabajo. Empátalo con la costura del hombro y asegúrala en ese lugar. Ahora asegura las piezas con intervalos regulares, acomodando cualquier falla en la manga mientras lo haces. Usando una costura de puntada trasera fina, únela con cuidado a la sisa.

Proyectos

Mantita para bebé

Para hacer esta linda mantita de bebé se usa estambre de algodón orgánico. Para completar el esquema se puede escoger una tela de algodón que la hará completamente lavable. Este proyecto es perfecto para los principiantes avanzados, sólo se usa derecho y revés, pero debido al tamaño de la manta, tomará un poco de tiempo completarla.

Clasificación

★☆☆ (Principiante)

Medidas

Ancho: 55 cm
Largo: 70 cm

Materiales

- 5 × 50 g Rowan algodón orgánico. A – Kaki
- 3 × 50 g Rowan algodón orgánico B – Ostión
- Un par de agujas de 3 ¾
- Marcadores de puntos
- 50 cm de forro de algodón

Tensión

24p × 30 vueltas sobre puntada de jersey= 10 cm usando agujas de 3 ¾ mm

MANTITA PARA BEBÉ

Usando el estambre A y las agujas de 3 ¾ mm
montar 120p.

Trabajar 12 cm de puntada seguida.

Usando el estambre A, teje 26p. Desliza estas
p en un gancho auxiliar.

Cambia al estambre B y teje las últimas 26p y
voltea.

Desliza estas 26p en un gancho auxiliar.
Continúa en el centro del panel, usando el
estambre B trabaja p p 46 cm más. Termina
en una vuelta de revés. Corta el estambre y
deja estas puntadas en un gancho auxiliar por
el momento.

Ahora regresa al primer grupo de puntadas
de las orillas, une el estambre A y continúa en
puntada seguida hasta la banda, cuando se
haya estirado ligeramente, agrega la parte de
la manta, terminando en una vuelta del lado
del revés. Deja las puntadas en un gancho
auxiliar. Repite con el otro lado de la banda.

Siguiente vuelta: Usando el estambre A, teje
26p en todo el primer gancho auxiliar, luego a
lo largo de todo el panel central y finalmente
en toda la otra orilla de 26p.

Continúa en puntada seguida en estos 120p
por 12 cm más. Remata en puntada seguida.

Para terminar

Cose las orillas en su lugar.

PARA ALINEAR EL FORRO

Usando el tejido como patrón, corta una pieza
del material del mismo tamaño, dejando un
extra de 3 cm por todo el rededor. Dobla el
dobladillo y presiónalo por todas partes, luego
asegúralo con alfileres. Ahora asegura con
alfileres el forro a la mantita y cóselo a mano
en su lugar. Presiona el forro suavemente
cuando termines.

Cinturón con cuentas

Sólo se necesitan un simple patrón de dos vueltas y dos bolas de estambre para hacer este bonito cinturón. Los flequillos son muy fáciles de hacer y agregan brillo a la pieza terminada. Usa el color que yo escogí o el que tú quieras y combina las cuentas para completar tu atuendo favorito.

Clasificación

★☆☆ (Principiante)

Medidas

Ancho: 5 cm
Largo: 132 cm

Materiales

- 2 × 50 g Merino. Azul marino
- Un par de agujas de 4 mm
- 1 × 5 mm aguja
- 30 × 10 mm cuentas de cristal

Tensión

No es relevante

CINTURÓN

Usando las agujas de 4 mm, monta 16p.

Ahora comienza el patrón como se indica:

Vuelta 1: 3d, r, *2d, r *3 veces. 3d.

Vuelta 2: 1d, *pasa el estambre adelante, 2d (pasa el estambre adelante sobre las 2 p tejidas), 1d *5 veces.

Estas dos vueltas del patrón se repiten todo el tiempo.

Continúa como se estableció hasta que el cinturón mida 132 cm, o el largo que desees. Remata.

Flequillos

Haz 10 piezas, 5 para cada orilla del cinturón.

Usando las agujas de 4 mm, monta 36p.

Cambia a la aguja de 5 mm y remata.

Los flequillos automáticamente se van a enrollar mientras rematas.

Para terminar

Cose con esmero todas las orillas. Cose tres cuentas espaciadas en cada flequillo. Luego cose los flequillos a las orillas del cinturón.

Banda desluzmbrante para la cabeza

Usa esta linda banda para completar ese vestido negro de noche. Tejida con un estambre metálico y con puntadas muy sencillas, la puedes terminar en un fin de semana. Usa los colores que escogí o los que tú prefieras. Este estambre se desenrolla muy fácilmente ¡así que mantén una liga en la bola mientras trabajas en ella!

Clasificación
★☆☆ (Principiante)

Medidas
52 cm, pero se va a estirar cuando te la pongas para que no se vea fruncida

Materiales
- 2 × 25 g Rowan brilloso. Negro
- 2 × 25 g Rowan brilloso. Gris o plateado
- Un par de agujas de 4 mm

Tensión
24p × 34 vueltas sobre punto de jersey = 10 cm usando las agujas de 4 mm

Nota: El estambre se usa doble todo el tiempo.

BANDA PARA LA CABEZA

Usando las agujas de 4 mm y el estambre doble, monta 20p.
Trabaja 52 cm en puntada seguida. Remata.

Moño

Usando las agujas de 4 mm y el estambre gris o plateado doble, monta 20p y trabaja 35 cm en puntada de jersey. Remata.

Centro del moño

Usando las agujas de 4 mm y el estambre gris o plateado doble, monta 8p y trabaja 10 cm en puntada seguida. Remata.

Para terminar

Cose la banda en la orilla.
Cose el moño por la orilla corta.
Dobla el moño para que la costura quede en el centro.
Toma el centro del moño y asegúralo por la orilla corta. Cose el moño por el centro, y jala los extremos para darle una forma bonita en cada lado.
Asegúralo con algunas puntadas.
Ahora cose el moño al lado de la banda.

Bolsa de noche

Agrega un toque de lujo a una tarde especial haciendo tu propia bolsa de noche. Estambre de algodón fresco combinado con un patrón de puntadas de moras le dan una linda textura al terminado de la bolsa. El patrón cosiste en cuatro vueltas, haciendo con esto un proyecto perfecto para una tejedora principiante.

Yo escogí colores otoñales para el broche de flor que le combinaran, pero tú puedes escoger los colores que vayan con tu atuendo. Es una pieza muy sencilla que se puede hacer en una tarde.

Clasificación

⭐☆☆ (Principiante)

Medidas

Ancho: 20 cm
Profundidad: 11 cm
Broche: Aprox. 5 cm de ancho

Materiales

- 1 × 100 g estambre de algodón. Negro
- 4 estambres en diferentes tonos para las flores
- Estambres verde claro y verde oscuro para las hojas
- Un par de agujas de 4 mm
- Un par de agujas de 3 ¾ mm
- 4 cuentas grandes.
- Un broche de presión

Tensión

Bolsa: 22p × 30 vueltas sobre puntada de moras = 10 cm usando agujas de 4 mm
Broche: No es relevante

Abreviaciones especiales

m3 = 1d, 1r, 1d todo en el siguiente p

BOLSA

Usando las agujas de 4 mm, monta 46p.

Ahora comienza el patrón como se indica:

Vuelta 1: (lado derecho): Revés.

Vuelta 2: 1d, *m3, 3rj; repetir desde * hasta el último p, 1d.

Vuelta 3: Revés

Vuelta 4: 1d, *3rj, m3; repetir desde * hasta el último p, 1d.

Estas cuatro vueltas forman el patrón y se repiten todo el tiempo.

Continúa trabajando hasta que el trabajo mida 28 cm, terminando en una vuelta de revés.

Ahora trabaja 4 vueltas de puntada seguida, y cierra los puntos en puntada seguida (ésta es la orilla superior de la bolas y formará la solapa).

Para terminar

Con el lado del revés de frente, dobla los primeros 23 cm del tejido a la mitad —el resto 5 cm será la solapa de la bolsa—. Cose las dos orillas pequeñas de la bolsa. Voltéala hacia afuera. Dobla la solapa por encima y presiona suavemente con la plancha fría.

BROCHE

Flores (hacer 4)

Usando las agujas de 3 ¾ mm y el estambre adecuado, monta 14p.

Ahora comienza el patrón como se indica:

Trabaja en p p por 4 vueltas.

Siguiente vuelta: 1d, (pasa el estambre adelante, 2dj) hasta el último p, 1d.

Siguiente vuelta: Revés.

Trabaja 4 vueltas en p p.

No cierres puntos si no pasa el estambre a través de los p que quedan, levántalo firmemente y remata. Cose los lados de las flores, luego voltea el lado derecho, dobla la parte superior por encima para formar un tipo de taza. Asegura la base con algunas puntadas. Cose en el centro de cada flor una cuenta grande.

HOJAS (haz 1 en verde claro y 1 en verde oscuro)

Usando las agujas de 3 ¾ mm y el estambre verde correcto, monta 3p.

Ahora comienza el patrón como se indica:

** **Vuelta 1:** 1d, agrega en el sig. p, 1d.

Vuelta 2: Derecho.

Vuelta 3: 1d, agrega en cada uno de los sig. 2 p, 1d.

Vuelta 4: Derecho

Vuelta 5: 1d, agrega en el sig. p, 2d, agrega en el sig. p, 1d. (8p)

Vuelta 6-10: Derecho

Vuelta 11: 2dj, 4d, 2dj.

Vuelta 12: Derecho

Vuelta 13: 2dj, 2d, 2dj.

Vuelta 14: 1d, 2dj, 1d. (3p)**

Trabaja 4 vueltas de puntada seguida en estos p.

Ahora trabaja desde ** hasta **

Cierra puntos.

Para terminar

Trabaja los extremos de todas las piezas. Junta todas las flores como en la foto, luego asegúralas. Coloca las hojas una encima de la otra, luego cóselas en el centro. Cose las flores al centro de las hojas. Finalmente, cose el broche en la parte de atrás del broche.

Usando la bolsa como plantilla, corta un pedazo de forro negro de este tamaño, deja 1 cm en todo el rededor para el dobladillo. Cose las costuras de los lados como con la bolsa. Inserta el forro en la bolsa y cuidadosamente cóselo alrededor de la orilla interior de la bolsa, usando un hilo que combine y una puntada fina de dobladillo.

Sombrero caído

En tan sólo unas cuantas tardes podrás tejer este alegre y divertido sombrero, usando un estambre macizo y un par de agujas gruesas. La banda es de sólo 10 puntadas de ancho y a pesar de ser bastante larga, rápidamente la irás formando.

Clasificación

⭐☆☆ (Principiante)

Medidas

Para ajustar la cabeza de una mujer adulta

Materiales

- 3 × 50 g estambre grueso. Azul
- Un par de agujas de 5 ½ mm
- Un par de agujas de 6 ½ mm
- Aguja cable

Tensión

14p × 19 vueltas de punto jersey = 10 cm usando agujas de 6 ½ mm

Abreviaciones especiales

d4pa= deslizar las sig. 2 puntadas en la aguja cable y dejarla atrás del trabajo. Tejer las sig. 2 puntadas de forma normal, luego tejer las 2 p de la aguja cable.

d4pf= deslizar las sig. 2 puntadas en la aguja cable y dejarla al frente del trabajo. Tejer las sig. 2 puntadas de forma normal, luego tejer las 2 puntadas de la aguja cable.

m1= haz una puntada levantando la lazada que cae entre la última y la siguiente puntada y trabájala por la parte trasera de ésta.

SOMBRERO

Comienza con la banda

Usando las agujas de 5 ½ mm, monta 10p.

Ahora comienza el patrón como se indica:

Vuelta 1: 1d, 8r, 1d.

Vuelta 2 (lado derecho): 1d, d4pa, d4pf, 1d.

Vuelta 3: 1d, 8r, 1d.

Vuelta 4: 10d.

Vuelta 5: Como en la vuelta 3.

Vuelta 6: Como en la vuelta 4.

Estas 6 vueltas forman el patrón de la banda y se repiten todo el tiempo.

Continúa este patrón hasta que la banda mida 49 cm, terminando con una vuelta del lado del revés. Cierra puntos.

Sombrero

Con el lado derecho de frente y usando las agujas de 6 ½ mm, recoge y teje 86p uniformemente a lo largo de un lado de la banda.

Vuelta 1: Revés.

Vuelta 2 (lado derecho): Teje, agregando 16p uniformemente a lo largo de la vuelta. (102p)

Vuelta 3-5: Empezando en revés trabaja p p.

Vuelta 6: 6d, m1, (5d, m1) hasta las últimas 6 p, 6d. (121p)

Vueltas 7-16: Empezando con revés trabaja en p p.

Ahora comienza a formar la corona como se indica:

Vuelta 1: 2d, (2dj, 7d) 13 veces. 2dj. (107p)

Vueltas 2-4: Trabaja en p p.

Vuelta 5: 2d, (2dj, 6d) 12 veces. 2dj, 7d

Vuelta 6-8: Trabaja en p p.

Vuelta 9: 2d, (2dj, 5d) 12 veces. 2dj. 6d.

Vueltas 10-12: Trabaja en p p.

Vuelta 13: 2d, (2dj, 4d) 12 veces. 2dj, 5d.

Vuelta 14-16: Trabaja en p p

Vuelta 17: 2d, (2dj, 3d) 12 veces. 2dj. 4d.

Vuelta 18: Revés.

Vuelta 19: 2d, (2dj, 2d) 12 veces. 2dj, 3d.

Vuelta 20: Revés.

Vuelta 21: 2d, (2dj, 1d) 12 veces. 2dj. 2d

Vuelta 22: Revés

Vuelta 23: 2d, (2dj) en toda la vuelta hasta el último p, 1d.

Vuelta 24: 2rj en toda la vuelta. No remates, desliza el estambre entre las puntadas restantes y jala para apretar, asegura y remata. Trabaja todas las orillas cuidadosamente. Cose con una costura plana. Voltea el trabajo con el lado derecho afuera.

Para terminar

No remates, desliza el estambre entre las puntadas restantes, jala y aprieta, asegura y remata.

Trabaja todas las orillas limpiamente. Cose con una costura plana. Voltea el trabajo con el LC afuera.

Bolsa para los ganchos

Mantén tus ganchos a salvo con esta bolsita. Tejida con puro estambre de lana gruesa y usando unas agujas grandes, serás capaz de terminarla rápidamente. Dos delicadas florecitas sobre una hoja decoran el proyecto. Un proyecto perfecto para la tejedora principiante.

Clasificación

⭐☆☆ (Principiante)

Medidas (después de texturizarla)

Ancho: 25 cm
Largo: 28 cm

Materiales

- 6 × 50 g estambre de lana. Turquesa
- Estambres de doble hilo para las flores y hoja
- Un pequeño gancho
- Un par de agujas de 6 mm
- Un par de agujas de 4 mm

Tensión

10p × 14 vueltas de punto de jersey = 10 cm usando las agujas de 6 mm

Nota: La bolsa puede ser texturizada si se desea.

BOLSA

Se trabaja en una sola pieza.

Usando las agujas de 6 mm, monta 40p.

Procede con el patrón como se indica:

Trabaja 4 vueltas de puntada seguida, ahora cambia a p p y continúa por 45 cm, terminando en una vuelta de revés.

Divídela para la apertura:

Siguiente vuelta: 10d, cierra 20p, teje hasta el final.

Voltea y procede en el primer conjunto de 10p.

Siguiente vuelta: Revés

Trabaja 4 vueltas en p p.

Siguiente vuelta: Agrega 1p, teje hasta el final.

Siguiente vuelta: Revés.

Repite las últimas 2 vueltas 4 veces más. (15p)

Deja los puntos en un gancho auxiliar.

Con el lado del revés de frente, vuelve a unir estambre a los puntos restantes. Revés hasta el final.

Trabaja 4 vueltas en p p.

Siguiente vuelta: Teje hasta el último p, agrega.

Siguiente vuelta: Revés.

Repite las últimas 2 vueltas 4 veces más. (15p)

Siguiente vuelta: 15d, monta 10p. Luego 15d en el gancho auxiliar. (40p)

Continúa en estos puntos por 7 vueltas, ahora trabaja 4 vueltas de puntada seguida. Cierra puntos.

Flores

Usando las agujas de 4 mm y el color apropiado, monta 12p.

Comienza el patrón como se indica:

Vuelta 1: Revés.

Vuelta 2: Agrega puntos en cada p hasta el final. (24p)

Repite las últimas 2 vueltas una vez más. (48p)

Cierra puntos flojitos.

El tejido se va a enrollar conforme vayas cerrando puntos.

Dobla la pieza en forma de flor y asegúrala con algunas puntadas.

Hoja

Usando las agujas de 4 mm y el estambre verde, monta 5p.

Comienza con el patrón como se indica:

Vuelta 1: Derecho.

Vuelta 2: 2d, agrega (levantando la hebra del estambre entre la p y el tejido por atrás de éste). 1d, agrega, 2d. (7p)

** Todos los puntos agregados para esta hoja se tienen que trabajar como están en los paréntesis. **

Vuelta 3: Derecho

Vuelta 4: 3d, agrega, 1d, agrega, 3d. (9p)

Vuelta 5: Derecho

Vuelta 6: 4d, agrega, 1d, agrega, 4d. (11p)

Vuelta 7: Derecho

Vuelta 8: 5d, agrega, 1d, agrega, 5d. (13p)

Vuelta 9-11: Derecho

Vuelta 12: 2dj, teje hasta los últimos 2p, 2dj. (11p)

Vuelta 13: Derecho

Vuelta 14: 2dj, teje hasta los últimos 2p, 2dj. (9p)

Vuelta 15: Derecho

Vuelta 16: 2dj, teje hasta los últimos 2p, 2dj. (7p)

Vuelta 17: Derecho

Vuelta 18: 2dj, teje hasta los últimos 2p, 2dj. (5p)

Vuelta 19: 2dj, 1d, 2dj. (3p)

Vuelta 20: 3dj y remata.

Para terminar

Trabaja cuidadosamente todas las orillas. Dobla la pieza de tejido a la mitad, cose las laterales y la parte superior, dejando una pequeña apertura a la mitad para insertar el gancho para colgarla por allí.

Para texturizar la bolsa, llena una cubeta con agua muy caliente y agrégale una poco de detergente para abrir las fibras y hacerlas más receptivas. Usa guantes de plástico para proteger tus manos, luego lanza la bolsa en el agua caliente, remuévela y exprímela y sacúdela para empezar a quebrar las fibras. Las fibras van a crear pelusa y se van a juntar. Ya que la bolsa va a ser poco texturizada, exprime casi toda el agua, luego envuélvela en una toalla vieja para remover toda la humedad posible. Ahora dale forma a la bolsa jalándola fuertemente. Corta un pedazo de cartón del mismo tamaño y mételo en la bolsa para definir las esquinas. Cuando estés contenta con la forma, deja la bolsa sobre una toalla en un lugar templado para que se seque durante toda la noche.

Una vez seca, inserta el gancho para colgarla y cose las flores y hoja en un lado para adornarla.

Pantuflas

Es un proyecto ideal para principiantes, estas pantuflas calientitas y suavecitas están tejidas con una puntada seguida o de derecho usando agujas gruesas. ¡Las puedes hacer en un fin de semana! Las florecitas pueden tomar un poco más de tiempo, pero vale la pena el esfuerzo cuando las ves terminadas.

Clasificación

 (Principiante)

Medidas

Una medida (para el pie de una mujer adulta)

Materiales

- 3 × 50 g estambre de lana. Verde olivo
- Estambre que contraste para las flores
- Un par de agujas de 6 mm
- Un par de agujas de 4 mm
- 2 botones decorativos

Tensión

14p × 20 vueltas de punto de jersey = 10 cm usando las agujas de 6 mm

PANTUFLA IZQUIERDA

Con las agujas de 6 mm, montar 48p, 1 vuelta de derecho.

Siguiente vuelta: (2d, m1, 1d) dos veces, derecho hasta las últimas 6p, (1d, m1, 2d) 2 veces. (52p)

Siguiente vuelta: Derecho

Repite las últimas 2 vueltas una vez más. (56p)

Siguiente vuelta: 25d, (1d, m1) 6 veces, derecho hasta el final. (62p).

Derecho 12 vueltas.

Forma del pie

Siguiente vuelta: 19d, (2dj) 12 veces, derecho hasta el final. (50p)

Siguiente vuelta: 33d, voltea.

Siguiente vuelta: (2dj) 8 veces, 1d, voltea.

Siguiente vuelta: 10d, voltea.

Siguiente vuelta: (2dj) 5 veces, derecho hasta el final.

1 vuelta de derecho, cierra puntos flojitos.

Correa

Cuenta 9p de la costura posterior, levanta y 4 derechos de la orilla de puntos cerrados.

Trabaja en estos 4p, continúa en puntada seguida por 22 vueltas.

Siguiente vuelta: 2d, enrolla estambre 2 veces, 2d.

Siguiente vuelta: 2d, suelta la lazada extra de estambre, ésta de derecho y la sig. p junta, 1d.

Siguiente vuelta: (2dj) dos veces.

Siguiente vuelta: 2dj y remata.

PANTUFLA DERECHA

Trabájala como la izquierda, pero recuerda levantar y tejer de derecho las puntadas de la correa en el lado contrario del pie.

FLOR (hacer 2)

Usando las agujas de 4 mm y el estambre adecuado, montar 57p.

Vuelta 1: Revés.

Vuelta 2: 2d, * id, desliza esta p en la parte de atrás de la aguja de la mano izquierda, levanta las sig. 8 p en la aguja de la mano derecha sobre esta p y saca la aguja, enreda estambre sobre la aguja dos veces, nuevamente derecho la primera p, 2d. Repetir desde *.

Vuelta 3: 1d, *2rj, (1d, 1d por atrás de la lazada) en las lazadas hechas en la vuelta anterior, 1r. Repetir desde * hasta el último p, 1d.

No cierres puntos, desliza el estambre a través de las puntadas en la aguja y ponlo en forma de círculo para formar la flor. Cose la orilla

Para terminar

Trabaja cuidadosamente todas las orillas. Cose la costura del pie en la pantufla. Coloca el botón en donde empate con el ojal de la correa. Cose la flor al centro de la pantufla.

Cuellera de red

Este invierno, caliéntate el cuello con esta suave y delicada cuellera. Tejida con un delicioso estambre terso y de colores brillantes, te aseguro hará divertido el día más aburrido. Unas agujas grandes y un patrón sencillo de 2 vueltas la vuelven muy fácil de completar, incluso para una tejedora principiante.

Clasificación

★★☆ (Intermedio)

Medidas

Ancho: 50 cm
Largo: 55 cm

Materiales

- 5 × 50 g estambre Aran. Verde limón
- 4 × 50 g estambre Aran. Rubí
- Un par de agujas de 5 mm

Tensión

13p = 10 cm de ancho usando las agujas de 5 mm

Nota: Cuando estés trabajando el patrón ten cuidado de no perder puntadas, la que en los patrones abiertos es muy difícil recuperarlas.

CUELLERA

Usando las agujas de 5 mm y el estambre verde, montar
73p. Trabajar 4 vueltas en puntada seguida.

Ahora comienza el patrón como se indica:

Vuelta 1 (lado derecho): 1d, (Pasa el estambre hacia
delante, desliza 1 p, 1p d, pasa la puntada deslizada sobre la
tejida, 2dj por atrás de la lazada, pasa la pd por encima,
pasa el estambre hacia delante, sig. p d 1 vuelta abajo de la
p en la aguja, deja la p arriba saca la aguja de forma normal)
hasta las últimas 4 p, pasa el estambre hacia delante, desliza
1 p, 1p d, pasa la puntada deslizada sobre la tejida, 2dj por
atrás de la lazada, pasa la pd por encima, pasa el estambre
hacia delante, 1d.

Vuelta 2: 1d, revés hasta la última p, 1d.

Estas dos vueltas forman el patrón y se repiten todo el
tiempo.

Trabaja 5 cm del color verde, une el rubí y trabaja 5 cm con
éste.

Continúa trabajando las rayas de verde y rubí como arriba
hasta que tengas 6 rayas verdes y 5 rubí. No remates el
estambre, llévalo por dentro del trabajo y velo metiendo en
el trabajo. El trabajo debe medir aprox. 55 cm y necesitas
terminar en una vuelta 2 de color verde. Trabaja 4 vueltas
de puntada seguida en verde. Luego cierra puntos.

Para terminar

Trabaja todas las orillas cuidadosamente. Cose la costura
de la cuellera, empatando las rayas mientras lo haces.

Tope para la puerta de rosas y corazones

Haz este bonito tope para la puerta de tu casa en sólo un par de tardes. Yo usé colores pastel, pero tú puedes escoger los que combinen con tu hogar. Es muy fácil de hacer, se usa un estambre grueso y unas agujas grandes, volviéndolo así un proyecto perfecto para las principiantes. Con una puntada de musgo para las piezas principales es muy fácil seguirla. Embellécelo con rosas y corazones tejidos en diferentes colores.

Clasificación

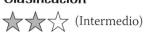 (Intermedio)

Medidas

Alto: 18 cm
Ancho: 15 cm
Profundidad: 13 cm

Materiales

- 1 × 100 g estambre Aran. Azul claro
- 1 × 100 g estambre Aran. Crema
- Un par de agujas de 5 mm
- Un par de agujas de 4 mm
- Pedazos de estambre en verde claro y rosa claro
- Pedazos de estambre rosa fuerte y verde oscuro para las hojas
- Relleno

Tensión

18 × 25 vueltas de puntada de musgo = 10 cm usando las agujas de 5 mm

TOPE PARA PUERTA
Banda principal
Usando el estambre azul claro y las agujas de 5 mm, monta 27p.

Ahora comienza el patrón como se indica:

Vuelta 1: *1d, 1r. Repetir desde * hasta la última p, 1d.

La Vuelta 1 se repite para el patrón de punto de musgo.

Cuenta 63 cm de esta puntada y cierra puntos.

Laterales (hacer 2)

Usando el estambre crema y las agujas de 5 mm, monta 23p. Cuenta 18 cm de esta puntada y cierra puntos.

Agarradera
Usando el estambre verde claro y las agujas de 5 mm.
Montar 60p. Trabaja en puntada seguida durante 8 vueltas.
Cierra puntos.

Corazón grande (hacer 1)
Usando el rosa claro y las agujas de 5 mm, montar 3p.

Vuelta 1: Agrega, 1d, agrega.

Vuelta 2: Revés.

Vuelta 3: Agrega, 3d, agrega.

Vuelta 4: Revés.

Vuelta 5: Agrega, 5d, agrega.

Continúa agregando como hasta aquí hasta que tengas 19p, termina en revés.

Trabaja 4 vueltas p p.

Siguiente vuelta: 2dj, 7d, voltea.

**Siguiente vuelta: 2rj, revés hasta las últimas 2 2p, 2rj.

Siguiente vuelta: 2dj, 2d, 2dj.

Cierra puntos dejando 4p.

Vuelve a unir estambre a las p, 2dj, d hasta las últimas 2 p, 2dj.

Ahora completa como el primer lado desde **.

Corazón pequeño (hacer 1 en azul claro y 1 en verde claro)
Como en el corazón grande hasta 15p, terminando en revés.

Trabaja 2 vueltas de p p.

Siguiente vuelta: 2dj, 5d, voltea.

Siguiente vuelta: 2rj, 2r, 2rj.

Cierra puntos.

Vuelve a unir estambre a las p, 2dj, 4d, 2dj.

Siguiente vuelta: 2rj, 2r, 2rj.

Cierra puntos.

Rosa (hacer 3 de diferentes colores)
Usando el color apropiado y las agujas de 4 mm, montar 12p.

Siguiente vuelta: Revés

Siguiente vuelta: Agregar en cada p hasta el final. (24p)

Siguiente vuelta: Revés.

Siguiente vuelta: Agregar en cada p hasta el final. (48p)

Siguiente vuelta: Revés.

Cierra puntos

Hoja (hacer 2)
Usando el estambre verde oscuro y las agujas de 4 mm, montar 5p.

2 vueltas de derecho.

Agregar en el 1er y último p en la siguiente y la próxima vuelta alternando. (9p)

Ahora trabaja 7 vueltas rectas.

Quita 1p en todas y cada una de las vueltas hasta que queden 3p.

Siguiente vuelta: 3dj. Remata.

Para terminar

Trabaja todas las orillas. Cose la costura principal a las cortas. Mete el relleno. Cose la agarradera en su lugar por debajo de la parte superior de la banda superior (usa la foto como guía). Ahora coloca un panel lateral y cose las costuras. Cose el otro panel lateral; ahora tendrás el relleno encasillado. Toma el corazón grande y cóselo en su lugar en el panel frontal. Cose un corazón pequeño en cada uno de los paneles laterales. Cose las rosas y las hojas en el corazón grande.

Guantes abatibles

Usando un estambre teñido con colores al azar crea al instante un efecto mágico en estos lindos guantes abatibles. Cuando necesites tener los dedos libres, simplemente levanta las tapas. Los guantes no son difíciles de hacer, pero se necesita un poco de paciencia y tiempo para tejer los dedos.

Clasificación

★★☆ (Intermedio)

Medidas

- 2 × 50 g estambre rosa
- Un par de agujas de 3 ¾ mm
- Un par de agujas de 4 mm
- 2 botones que hagan juego

Tensión

22p × 28 vueltas sobre punto de jersey = 10 cm usando las agujas de 4 mm

MANO DERECHA

Usando las agujas de 3 ¾ mm, montar 42p.

Trabaja en 2d, 2r costilla torcida como se indica:

Vuelta 1: 2d por atrás de la lazada. * 2r, 2d por atrás de la lazada. Repetir desde * hasta el final.

Vuelta 2: 2r por atrás de la lazada, *2d, 2rj por atrás de la lazada. Repetir desde * hasta el final.

Repite estas 2 vueltas por 10 cm. Terminando con una Vuelta 1.

Siguiente vuelta: Revés, pero agrega 4p uniformemente a través de la vuelta. (46p)

Cambia a las agujas de 4 mm y p p, comenzando con d, trabaja 4 vueltas en p p. ****

Ahora dale forma al pulgar como se indica:

Vuelta 1: 23d, m1, 3d, m1, derecho hasta el final.

Trabaja 3 vueltas rectas en p p.

Vuelta 5: 23d, m1, 5d, m1, derecho hasta el final.

Vuelta 6 y cada siguiente alternando vuelta: Revés.

Vuelta 7: 23d, m1, 7d, m1, derecho hasta el final

Continúa agregando 2p como se estableció en cada vuelta alternada hasta 58p.

Siguiente vuelta: Revés.

Divide el trabajo por el pulgar.

Siguiente vuelta: 38d, voltea.

Siguiente vuelta: 15r, voltea.

Trabaja en estos p por 14 vueltas más.

Siguiente vuelta: 1d, (2dj) 7 veces, no remates, desliza el estambre a través de las puntadas que quedan y jálalo firmemente, luego remata.

Con el lado derecho de frente, vuelve a unir estambre a la base del pulgar y derecho hasta el final. (43p)

Trabaja 11 vueltas sin terminar la conformación con un nudo.

** Divide el trabajo para los dedos.

Primer dedo

Siguiente vuelta: 28d, voltea y monta 2p.

Siguiente vuelta: Revés, 13p.

Trabajando en estas 15p, trabaja 2 vueltas p p.

Ahora trabaja 2 vueltas de puntada seguida y cierra puntos flojitos como antes.

Segundo dedo

Con el lado derecho de frente, vuelve a unir estambre, levanta y teje 2p de los p montados en la base del primer dedo, 5d, voltea.

Siguiente vuelta: Revés 12p, voltea y monta 2p.

Trabajando en estos 14p, trabaja 2 vueltas p p. Ahora trabaja 2 vueltas de puntada seguida y cierra puntos flojitos como antes.

Tercer dedo

Con el lado derecho de frente, vuelve a unir estambre, levanta y teje 2p de los montados en la base del segundo dedo, 5d, voltea.

Siguiente vuelta: Revés 12p, voltea y monta 2p.

Trabajando en estos 14p, trabaja 2 vueltas p p.

Ahora trabaja 2 vueltas de puntada seguida y cierra puntos flojitos como antes.

Cuarto dedo

Con el lado derecho de frente, vuelve a unir estambre, levanta y teje 2p de los montados en la base del tercer dedo, 4d, voltea.

Siguiente vuelta: Revés hasta el final. (12p) Trabajando sólo en estas p, trabaja 2 vueltas de p p.

Ahora trabaja 2 vueltas de puntada seguida y cierra puntos flojitos como antes.

MANO IZQUIERDA

Usando las agujas de 3 ¾ mm, montar 42p.

Trabaja como el guante de la mano derecha hasta ****.

Ahora dale forma al pulgar como se indica:

Vuelta 1: 20d, m1, 3d, m1, derecho hasta el final.

Trabaja 3 vueltas sin la formación.

Vuelta 5: 20d, m1, 5d, m1, derecho hasta el final.

Vuelta 6 y cada siguiente alternando vuelta: Revés.

Vuelta 7: 20d, m1, 7d, m1, derecho hasta el final.

Continúa agregando 2p como se estableció en cada vuelta siguiente alternando hasta 58p.

Siguiente vuelta: Revés.

Divide el trabajo par el pulgar.

Siguiente vuelta: 35d, voltea.

Siguiente vuelta: 15r, voltea.

Trabaja en estos p por 14 vueltas más.

Siguiente vuelta: 1d, (2dj) 7 veces, no remates, desliza el estambre entre las p que quedan y jálalo firmemente, luego remata.

Con el lado derecho de frente, vuelve a unir estambre en la base del pulgar y derecho hasta el final. (43p)

Trabaja 11 vueltas sin formación.

Ahora completa como en el guante de la mano derecha desde **.

TAPAS (hacer 2)

Usando las agujas de 4 mm, montar 44p.
Ahora comienza el patrón como se indica:
Trabaja 6 vueltas de puntada seguida, pero reduce
1p en el centro de la 6ª vuelta. (43p)
Ahora continúa en p p por 14 vueltas más.
Dale forma a la parte superior como se indica:
Siguiente vuelta: 1d, (desliza, 1d, pasa la pd
sobre, 16d, 2dj, 1d) dos veces.
**Siguiente vuelta y la que continúa alternando
vuelta:** Revés.
Siguiente vuelta: 1d, (desliza, 1d, pasa la pd
sobre, 14d, 2dj, 1d) dos veces.
Continúa de esta forma, reduciendo 4p en cada
vuelta alternada hasta que tengas 27p sobre la
aguja, termina en una vuelta de revés.
Cierra puntos.

Para terminar

Voltea los lados correctos hacia adentro, cose las
costuras de los dedos trabajando las orillas del
estambre como vas. Une la costura principal de
los guantes cuidadosamente. Cose las costuras
laterales de las tapas, voltea los lados correctos
hacia afuera y cose la mitad de la tapa a la parte
trasera del guante 6 vueltas debajo de donde
empieza la forma del dedo. Si quieres, puedes
hacer un pequeño ojal, dependiendo del tamaño
de botón que hayas escogido. Cose el ojal al centro
del guante. Cose el botón a la parte trasera del
guante para que corresponda con el ojal cuando la
tapa esté doblada hacia atrás.

Suéter de cuello de tortuga

Mantente calientita con este suéter de cuello de tortuga con un patrón de costillas y las mangas tres cuartos. ¡Se va a ver muy bien con un par de jeans o una falda! Trabajado en un patrón de costillas anchas es muy sencillo de seguir, incluso las menos experimentadas serán capaces de completar este proyecto.

Clasificación

☆☆☆ (Intermedio)

Medidas

Busto: 86/92 cm
Largo de la parte trasera del cuello al dobladillo: 64 cm
Largo de la manga: 33 cm

Materiales

- 10 × 50 g lana merino. Vino
- Un par de agujas de 3 ¾ mm
- Ganchos auxiliares

Tensión

22p × 30 vueltas sobre punto de jersey = 10 cm usando las agujas de 4 mm

Tip: Cuando midas la longitud de las piezas, estira el ancho correcto en una superficie plana porque los patrones de costillas tienden a encoger el trabajo.

ESPALDA

Usando las agujas de 3 ¾ mm, montar 103p
Ahora comienza con el patrón como se indica:
Vuelta 1 (lado derecho): 2d, * 3r, 3d. Repetir desde * hasta los últimos 5p, 3r, 2d.
Vuelta 2: 2r, *3d, 3r. Repetir desde * hasta los últimos 5p, 3d, 2r.
Repetir las últimas 2 vueltas 7 veces más.
Cambia a las agujas de 4 mm y continúa en costilla como se estableció hasta que el trabajo mida 45 cm, terminando en una vuelta del lado del revés (estira la pieza antes de medir el largo).

Forma de las sisas

Cierra 3p en el patrón al inicio de las siguientes 2 vueltas. Reduce 1p en cada orilla de las siguientes 7 vueltas, luego en cada vuelta alterna hasta que queden 75p. ****
Trabaja recto hasta que las sisas midan 18 cm, terminando con una vuelta del lado del revés.

Forma de los hombros

Cierra 5p en el patrón al inicio de las siguientes 6 vueltas, luego 3p al inicio de las siguientes 2 vueltas. Desliza los 39p que quedan en un gancho auxiliar para la banda del cuello.

FRENTE

Trabaja como en la espalda hasta que llegues a ****.
Trabaja recto hasta que la sisa mida 13 cm, terminando con una vuelta del lado del revés.

Forma del cuello

Vuelta 1: trabaja 27 p y voltea, completa este lado primero.
Reduce 1p en la orilla del cuello de las siguientes 5 vueltas, luego cada vuelta alternada hasta que queden 18p. Trabaja recto hasta que la sisa mida lo mismo que en la espalda, terminando en un borde lateral.

Forma de los hombros

Cierra 5p al inicio de la siguiente y de cada vuelta alternada hasta que queden 3 p. Trabaja 1 vuelta y cierra puntos. Desliza las 21p del centro en un gancho auxiliar para la banda del cuello. Vuelve a unir estambre a la orilla del cuello de las puntadas que quedaron y trabaja hasta el final. Completa como se estableció para el primer lado, invirtiendo las formaciones.

MANGAS

Usando las agujas de 4 mm, montar 61p.
Proceder con el patrón como se estableció para la espalda por 8 vueltas.
Agregándole algunos p al patrón, agrega 1p en cada orilla de la siguiente y las siguientes 10 vueltas hasta que haya 69p en la aguja. Procede sin formación hasta que la medida de la manga sea de 33 cm, terminando con una vuelta del lado del revés.

Forma de la parte alta de la manga

Cierra 3p al inicio de las siguientes 2 vueltas. Reduce 1p en cada orilla de las siguientes y las siguientes vueltas alternando hasta que queden 35p. Reduce 1p en cada orilla de las siguientes 4 vueltas. Ahora cierra 4p al inicio de las siguientes 2 vueltas (19p).
Cierra los puntos que quedan.
Haz la otra manga para que empate.

Para terminar y el cuello de tortuga

Une la costura del hombro izquierdo. Con el lado derecho de frente y usando las agujas de 3 ¾ mm, trabaja en todos los puntos del gancho auxiliar en la parte de atrás del cuello, levanta y teje 24p abajo del lado izquierdo para el doblez del cuello, trabaja en los p del gancho auxiliar de la parte de enfrente del cuello, levanta y teje 24p arriba del lado derecho para el doblez del cuello. (108p). Manteniendo la continuidad de la costilla del patrón, continúa hasta que el trabajo mida 10 cm. Ahora cambia a las agujas de 4 mm y trabaja hasta que el cuello mida 20 cm. Cierra puntos flojitos en el patrón de costilla. Une la costura del hombro derecho y la costura del cuello. Une las costuras de los lados y las costuras de las mangas. Inserta las mangas.

Bufanda delgada caleidoscopio

Trabajada en estambre mohair, esta hermosa bufanda es sorprendentemente fácil y rápida de hacer. El patrón consta tan solo de 8 vueltas y se teje con agujas grandes, lo cual le da un aire de ligereza y frescura al trabajo terminado. Como el estambre está teñido al azar los colores tejidos crean diseños muy atractivos dándole a la bufanda una apariencia única. Sólo continúa tejiendo hasta que la pieza tenga el largo que tú quieres. Haz el trabajo y solito se doblará en la forma de la bufanda.

Clasificación
★★☆ (Intermedio)

Medidas
Ancho: 20 cm
Largo: 150 cm

Materiales
- 1 × 50 g estambre de colores
- Un par de agujas de 5 mm

Tensión
No es relevante

BUFANDA

Usando las agujas de 5 mm y el
método del pulgar para montar
puntos, monta 37p. Teje 2 vueltas de
puntada seguida.

Ahora comienza el patrón con la orilla
de la puntada seguida como se indica:

Vuelta 1 (lado derecho): 3d, [1d,
*pasa estambre hacia delante, 3d,
desliza 1, 2dj, pasa la pd por encima,
3d, pasa estambre hacia delante, 1d*.
Repetir desde * hasta * 3 veces], 3d.

**Vuelta 2 y todas las vueltas
alternando:** 3d, revés hasta las
últimas 3p, 3d.

Vuelta 3: 3d, [2d, *pasa estambre
hacia delante, 2d, desliza 1, 2dj, pasa la
pd por encima, 2d, pasa estambre
hacia delante, 3d*. Repetir desde *
hasta * 3 veces, terminar la última
repetición con 2d], 3d

Vuelta 5: 3d, [3d, pasa estambre hacia
delante, 1d, desliza 1, 2dj, pasa la pd
por encima, 1d, pasa estambre hacia
delante, 5d*. Repetir desde * hasta * 3
veces, terminando la última vuelta con
3d], 3d.

Vuelta 7: 3d, [4d, *pasa estambre
hacia delante, desliza 1, 2dj, pasa la pd
por encima, pasa estambre hacia
delante, 7d*. Repetir dcsde * hasta * 3
veces, terminar la última repetición
con 4d], 3d.

Vuelta 8: 3d, revés hasta los últimos
3p, 3d.

Estas 8 vueltas y la orilla de puntada
seguida forman el patrón y se repite
todo el tiempo. Continúa como se
estableció hasta que la bufanda mida
150 cm, o el largo que quieras, termina
con una vuelta 8. Teje 2 vueltas de
puntada continúa y cierra puntos.
Trabaja todas las orillas
cuidadosamente para terminar.

Calcetines de rayas

Una mezcla de lana merino y cachemira le da a estos cómodos calcetines una sensación de lujo. Están hechos con punto de jersey y dos agujas en lugar de cuatro. Una banda con costillas le da un toque interesante. Recuerda ponerle unas gomas en las plantas de los pies por razones de seguridad.

Clasificación

☆☆☆ (Intermedio)

Medidas

- 2 × 50 g estambre Cachemira. Crema
- 1 × 50 g estambre Cachemira. Verde limón
- Un par de agujas de 4 mm
- Ganchos auxiliares

Tensión

22p × 30 vueltas de punto de jersey = 10 cm usando las agujas de 4 mm

Abreviaciones especiales

T2ps= trabajar sobre las siguientes 2 puntadas como se indica, tejer en la parte de atrás de la 2ª p, pero no deslizarla fuera de la aguja, tejer en el frente de la 1ª p y deslizar fuera de la aguja al mismo tiempo ambas puntadas.

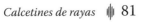

CALCETINES (hacer 2)

Usando el estambre de color crema y las agujas de 4 mm, montar 52p.

Trabajar las costillas como se indica:

Vuelta 1: *2d, *2r, t2ps, 2r, 2d. Repetir desde * hasta * hasta las últimas 2p.

Repetir las últimas 2 vueltas por 5 cm, terminando en vuelta 1.

Siguiente vuelta: *2d, 2r. Repetir desde * hasta el final.

Siguiente vuelta: *2d, 2r. Repetir desde * hasta el final.

Continúa en la costilla 2d, 2r como en las últimas 2 vueltas por 5 cm, terminando con el lado derecho de frente a ti para la siguiente vuelta. Cambia a p p y procede como se indica: (levanta el estambre hacia el lado del trabajo cuando cambies los colores).

Trabaja 4 vueltas de rayas de p p de color crema, 4 vueltas del verde hasta que la 5ª raya de color crema esté completa.

Divide para el talón. El talón se teje en color crema, así que vas a necesitar una bola separada de estambre para poder mantener la continuidad.

Usando el crema, 13d (para la primera parte del talón), desliza las siguientes 26p en un gancho auxiliar (para el empeine). Desliza las 13p que quedan en un segundo gancho auxiliar (para la segunda mitad del talón).

Primera mitad del talón: Regresa al primer grupo de 13p en la aguja, continúa con el color crema y procede como se indica:

Vuelta 1 (lado del revés): desliza 1, 12r.

Vuelta 2: 13d.

Repite estas 2 vueltas 6 veces más, luego trabaja la Vuelta 1 una vez más.

Voltea el talón como se indica:

Vuelta 1 (lado derecho): 2d, desliza 1, 1d, pasa la pd por encima, 1d, voltea.

Vuelta 2: desliza 1, 3r.

Vuelta 3: 3d, desliza 1, 1d, pasa la pd por encima, 1d, voltea.

Vuelta 4: desliza 1, 4r.

Vuelta 5: 4d, desliza 1, pasa la pd por encima, 1d, voltea.

Vuelta 6: desliza 1, 5r.

Vuelta 7: 5d, desliza 1, 1d, pasa la pd por encima, 1d, voltea.

Vuelta 8: desliza 1, 6r.

Vuelta 9: 6d, desliza 1, pasa la pd por encima, 1d.

Vuelta 10: desliza 1, 7r.

Corta el estambre y coloca las 8p restantes en un gancho auxiliar.

Segunda mitas del talón: Con el lado derecho de frente, coloca en la aguja las 13p sostenidas para la 2ª mitad del talón. Une estambre crema.

Vuelta 1 (lado derecho): desliza 1, 12d.

Vuelta 2: 13r.

Repite estas 2 vueltas 7 veces más, luego trabaja la vuelta 1 una vez más.

Voltea el talón como se indica:

Vuelta 1 (lado del revés): 2r, 2rj, 1r, voltea.

Vuelta 2: desliza 1, 3r.

Vuelta 3: 3r, 2rj, 1r, voltea.

Vuelta 4: desliza 1, 4d.

Vuelta 5: 4r, 2rj, 1r, voltea.

Vuelta 6: desliza 1, 5d.

Vuelta 7: 5r, 2rj, 1r, voltea.

Vuelta 8: desliza 1, 6d, voltea.

Vuelta 9: 6r, 2rj, 1r.

Corta el estambre y coloca las 8 puntadas que quedan en un gancho auxiliar.

Vueltas acortadas

Con el lado derecho de frente, vuelve a unir estambre crema y teje 8d de la primera mitad del talón del gancho auxiliar, levanta y teje 6p por la orilla del primer talón, usando el verde, teje 26d del gancho para el empeine. Usando el estambre crema, levanta y teje 6d por la orilla del segundo talón del gancho. (54p)

Siguiente vuelta y las que continúan alternadas: Revés. ** mantén la secuencia de los colores de las rayas en el centro 26p y usa el crema en cualquiera de los extremos de la vuelta, hasta que las vueltas acortadas estén completas. **

Vuelta 3 (LC): 12d, 2dj, 26d, desliza 1, 1d, pasa la pd por encima, 12d. (52p)

Vuelta 5: 11d, 2dj, 26d, desliza 1, pasa la pd por encima, 11d. (50p)

Vuelta 7: 7d, 2dj, 26d, pd, 10d. (48p)

Vuelta 9: 9d, 2dj, 26d, desliza 1, 1d, pasa la pd por encima, 9d, (46p)

Vuelta 11: 8d, 2dj, 26d, desliza 1, 1d, pasa la pd por encima, 8d. (44p)

Vuelta 12: Revés. Ahora la forma del talón está completa. Continúa por todas las puntadas con el patrón de rayas hasta que tengas 10 rayas de color verde en total. Corta el estambre verde y continúa solo con el estambre crema.

Punta

Vuelta 1: 8d, 2dj, 2d, pd, 16d, 2dj, 2d, pd, 8d. (40p)

Vuelta 2 y las siguientes alternadas: Revés.

Vuelta 3: 7d, 2dj, 2d, desliza 1, 1d, pasa la pd por encima, 14d, 2dj, 2d, desliza 1, 1d, pasa la pd por encima, 7d. (36p).

Continúa reduciendo 4p en todas las demás vueltas de esta forma hasta que queden 20p, luego cierra puntos.

Para terminar

Cose todas las orillas cuidadosamente. Une las costuras, usando una costura plana y empatando las rayas mientras las haces. En la parte superior del calcetín haz la costura a unos 5 cm para cuando la voltees.

Calentadores de muñecas de punto abierto

La suave cachemira y la lana pura se combinan con dos simples puntadas para crear estos elegantes calentadores de muñecas. Úsalos con tu atuendo favorito o para calentarte en un día frío.

Clasificación

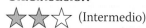 (Intermedio)

Medidas

Largo: 21 cm (para encajar en las manos de una mujer adulta), aunque el tejido es muy elástico. Si necesitas un terminado más largo, sólo agrega algunas vueltas extras antes de la puntada seguida o resorte, no olvides que podrías necesitar más estambre.

Materiales:

- 2 × 50 g Rowan Cachemira de 4 hebras. Negro
- Un par de agujas de 3 ¾ mm
- Un par de agujas de 4 mm

Tensión

No relevante

Abreviaciones especiales.

Pdslt = Puntada deslizada sobre la tejida

CALENTADORES DE MUÑECAS

Usando las agujas de 3 ¾ mm, montar 113p.

Ahora comienza con el patrón como se indica:

Vuelta 1: Revés.

Vuelta 2 (lado derecho): 2d, * 1d, desliza este p nuevamente a la aguja de la mano izquierda, levanta los siguientes 8 p en la aguja de la mano izquierda sobre este p y saca la aguja, enreda estambre sobre la aguja dos veces, teje el 1er p nuevamente, 2d. Repetir desde *.

Vuelta 3: 1d, *2rj, (1d, 1d por atrás de la lazada) sobre el estambre de las lazadas en la aguja, 1r. Repetir desde * hasta el último p, 1d. (42p quedan)

Ahora comienza el patrón abierto como se muestra:

Vuelta 1 (lado derecho): 1d, *2dj, enreda estambre sobre la aguja, 1d, enreda estambre sobre la aguja, pdslt, repetir desde * hasta el último p, 1d.

Vuelta 2: Revés.

Estas dos vueltas forman el patrón y se repiten todo el tiempo. Cuando el trabajo mida 21 cm terminando en una vuelta de revés, cambia a las agujas de 3 ¾ mm y trabaja 4 vueltas en una puntada seguida firme, luego cierra puntos.

Haz el calentador de la otra muñeca igual.

Para terminar

Nota: Las costuras laterales se deben pasar por dentro de las muñecas.

Trabaja todas las orillas cuidadosamente, cose las costuras de las orillas, recuerda dejar una abertura para el pulgar en el lugar adecuado. Junta las vueltas de la puntada seguida en la parte superior.

Broche trilogía de flores

Usa los sobrantes de estambre que tengas para crear este lindo broche. Colores brillantes con botones que hagan juego harán lucir increíble cualquier suéter o saco, o puedes intentar estambres metálicos y botones que hagan juego para agregar algo diferente a un top de noche. Las opciones son infinitas. Te tomará algunas horas hacer el broche; a pesar de que el patrón se ve muy complicado, ¡es muy sencillo cuando lo intentas!

Clasificación

☆☆☆ (Intermedio)

Materiales

- Pedazos de estambre de diferentes colores
- Un par de agujas de 4 mm
- 2 × 2 ¾ mm agujas de doble punta
- Un broche
- 3 botones medianos
- 3 botones pequeños

Tensión

No es relevante

FLOR (hacer 3)

Usando las agujas de 4 mm y el estambre escogido, montar 57p.

Ahora comienza con el patrón como se indica:

Vuelta 1: Revés

Vuelta 2: 2d, *1d, desliza este p a la aguja de la mano izquierda, levanta las siguientes 8p en la aguja de la mano izquierda sobre este p y saca la aguja, enreda estambre sobre la aguja dos veces, teje la 1er p nuevamente, 2d. Repetir desde *.

Vuelta 3: 1d, *2rj, (1d, 1d por atrás de la lazada) en las lazadas hechas en la vuelta anterior, 1r. Repetir desde * hasta la última p, 1d. No cierres los puntos, lleva el estambre a través de las 22p en la aguja y deslízalo en un círculo para formar la flor, cose la orilla.

TALLO (hacer 2)

Los tallos están hechos usando un cordón tejido (I-cord). A pesar de que suena complicado, cuando lo intentes, te darás cuenta de que es muy sencillo y rápido de hacer.

Usando las agujas de doble punta y estambre verde, montar 4p. Derecho la primera vuelta. Desliza los puntos en la otra punta de la aguja. El estambre que estás trabajando está en la parte de abajo de la vuelta. Teje nuevamente, jalando el estambre que estás trabajando hasta la parte de atrás de la pieza para que puedas tejerlo nuevamente. Nuevamente desliza los p en la punta opuesta. Repite de esta forma. Mientras jalas el estambre, la parte de atrás se cerrará por sí sola, como magia. Continúa hasta que las piezas midan aprox. 5 cm, luego cierra puntos. Haz la segunda pieza de la misma manera, pero trabaja hasta que la pieza mida 8 cm., luego cierra puntos.

HOJA

Usando las agujas de 4 mm y el estambre verde. Montar 8p.

Ahora comienza el patrón como se indica:
2 vueltas de derecho.

Agrega 1p en cada orilla en la siguiente y cada vuelta, alternando hasta que queden 2p.

Siguiente vuelta: 2dj y remata.

Para ensamblar

Trabaja las orillas de todas las piezas. Cose los tallos al centro de dos flores. Ahora cose los botones en el centro de cada flor; el botón pequeño arriba del mediano. Cose los dos tallos a la parte de atrás de la hoja. Cose el broche de alfiler a la parte de atrás de la hoja.

Fundas para velas

Ponle un toque romántico a tu comedor con estas exquisitas fundas para velas. Complementarán perfectamente bien tu mesa en una tarde de verano. Tejidas en con un estambre metálico brilloso y usando un sencillo patrón de 6 vueltas, serás capaz de terminarlas en un fin de semana. Este tipo de estambre suele desenrollarse muy fácilmente, así que una sugerencia es mantener una liga alrededor de la bola de estambre cuando no la estés usando.

Clasificación

☆☆☆ (Intermedio)

Medidas

Para encajar en una vaso de 22 cm de circunferencia

Materiales

- 1 × 25 g estambre metálico. Bronce, oro y plata
- Un par de agujas de 3 ¾ mm
- Un par de agujas de 2 ¾ mm

Tensión

No es relevante

Nota: Las fundas necesitan ser un poco más pequeñas que la circunferencia del vaso para asegurar que no se resbalen.

Lado principal

Esta pieza se trabaja en ambos lados.

Usando las agujas de 3 ¾ mm, montar 21p, Revés 1 vuelta.
Ahora comienza el patrón como se indica:

Vuelta 1 (lado derecho): 3d, pasa el estambre hacia delante, 2dj, 2r, estambre sobre la aguja, desliz 1, 1d, pasa la pd por encima, 3d, 2dj, estambre alrededor de la aguja, 2r, 1d, pasa el estambre hacia delante, 2dj, 2d.

Vuelta 2 y las que sigan alternadas: 3d, pasa el estambre hacia delante, 2dj por atrás de la lazada, 2d, 7r, 3d, pasa el estambre hacia delante, 2dj por atrás de la lazada, 2d.

Vuelta 3: 3d, pasa el estambre hacia delante, 2dj, 2r, 1d, pasa el estambre hacia delante, desliza 1, 1d, pasa la pd por encima, 1d, 2dj, pasa el estambre hacia delante, 1d, 2r, 1d, pasa el estambre hacia delante, desliza 1, 2dj, pasa la pd por encima, pasa el estambre hacia delante, 2r, 1d, pasa el estambre hacia delante, 2dj, 2d.

Vuelta 6: Como en la vuelta 2.

Estas 6 vueltas forman el patrón del lado principal de la funda y se repite todo el tiempo.
Continúa con el patrón hasta que el trabajo mida 20 cm, terminando en una vuelta 6. Cierra puntos.

Base

Usando las agujas de 2 ¾ mm, montar 10p.
Dos vueltas de derecho.
Monta 2p al inicio de las siguientes 6 vueltas. (22p)
Trabaja 2 vueltas en puntada seguida

Siguiente vuelta: Agrega 1 p en cada orilla de la siguiente vuelta. (24p)
Continúa recto en puntada seguida por 20 vueltas más.

Siguiente vuelta: Reduce 1 p en cada orilla de la vuelta.
Trabaja 2 vueltas más en puntada seguida.
Cierra 2p al inicio de las siguientes 6 vueltas. (10p)
Trabaja 2 vueltas rectas en puntada seguida y cierra puntos.

Para terminar

Trabaja todas las orillas cuidadosamente. Une la costura pequeña a la parte lateral de la funda, ten cuidado de empatar el patrón. Toma la base y colócala en posición por dentro de la funda, cósela en su lugar. Coloca el vaso dentro y luego la vela.

Por razones de seguridad nunca dejes las velas encendidas.

Chal de alpaca

Caliéntate en este lujoso chal de alpaca hecho con el estambre de alpaca más suave. El chal está en puntada seguida o derecho, con un terminado en la orilla que está tejido por separado y cosido. La puntada es sencilla, es un patrón de 8 vueltas repetido, pero si no puedes manejar las puntadas, no lo hagas; ¡igual lucirá hermoso!

Clasificación

★★☆ (Intermedio)

Medidas

Largo: 142 cm
Ancho: 76 cm
La puntada de la orilla le agrega 5 cm de largo y de ancho

Materiales

- 7 × 50 g estambre Alpaca. Crudo
- Un par de agujas de 5 mm
- Una aguja circular de 5 mm
- Una aguja de bordar

Tensión

20p sobre punto jersey = 10 cm usando las agujas de 5 mm

CHAL

Usando las agujas de 5 mm, montar 1p.

Ahora comienza el patrón como se indica:

Siguiente vuelta: dos derechos en cada punto.

Siguiente vuelta: 1d, dos derechos en cada punto.

Siguiente vuelta: 1d, agregar en el siguiente p, 1d.

Siguiente vuelta: 1d, agrega en el siguiente p, derecho hasta el final.

Continúa agregando 1p al inicio de cada vuelta como se estableció hasta que tengas 210p en la aguja. Cierra puntos.

Cuando los puntos sean demasiados para las agujas ordinarias, cambia a la aguja circular y trabaja de ida y vuelta.

Orilla

Usando las agujas de 5 mm, montar 12p.

Ahora comienza con el patrón como se indica:

Vuelta 1: 3d, pasa el estambre hacia delante, 5d, pasa el estambre hacia delante, 2dj, pasa el estambre hacia delante, 2d.

Vuelta 2: 2d, 12r.

Vuelta 3: 4d, desliza 1, 2dj, pasa la pd por encima, 2d, (pasa el estambre hacia delante, 2dj) dos veces, 1d.

Vuelta 4: 2d, 10r.

Vuelta 5: 3d, desliza 1, 1d, pasa la pd por encima, 2d, (pasa el estambre hacia delante, 2dj), dos veces, 1d.

Vuelta 6: 2d, 9r.

Vuelta 7: 2d, desliza 1, 1d, pasa la pd por encima, 2d, (pasa el estambre hacia delante, 2dj), dos veces, 1d

Vuelta 8: 2d, 8r.

Vuelta 9: 1d, desliza 1, 1d, pasa la pd por encima, 2d, (pasa el estambre hacia delante, 2dj), dos veces, 1d

Vuelta 10: 2d, 7r.

Vuelta 11: desliza 1, 1d, pasa la pd por encima, 2d, pasa el estambre hacia delante, 1d, pasa el estambre hacia delante, 2dj, pasa el estambre hacia delante, 2d.

Vuelta 12: 2d, 8r.

Vuelta 13: (3d, pasa el estambre hacia delante) dos veces, 2dj, pasa el estambre hacia delante, 2d.

Vuelta 14: 2d, 10r.

Estas 14 vueltas forman el patrón y se repiten todo el tiempo. Continúa con el patrón hasta que la puntada abierta sea lo suficientemente larga para alcanzar las dos orillas del chal, termina en una vuelta 14. Cierra puntos.

Para terminar

Trabaja todas las orillas cuidadosamente. Coloca la orilla en su lugar alrededor de las dos orillas, júntala lo suficiente para poder coserla. Cósela en su sitio, usando una puntada plana.

Funda para cojín con ondas

Con una suave lana de merino, téjete un lindo cojín ¡o incluso dos! El patrón que se usa se ve más complicado de lo que es en realidad. Cuando lo trabajes te darás cuenta de que crea un atractivo efecto de ondas, que sólo se usa para la parte de enfrente del cojín; los paneles traseros se trabajan en puntada seguida o derecho con puntada de musgo en las bandas de los botones.

Clasificación

★★☆ (Intermedio)

Medidas

40 cm^2

Materiales

- 5 × 50 g estambre lana merino extra fina. Gris
- Un par de agujas de 4 ½ mm
- Cojín de 40 cm
- 2 botones que hagan juego.

Tensión

22p × 28 vueltas sobre punto de jersey = 10 cm usando las agujas de 4 ½ mm

PARTE DELANTERA

Usando las agujas de 4 ½ mm, montar 82p.

Trabajar 2 vueltas en p p.

Vuelta 1 (LC): 4r, *9d, 4r. * Repetir desde * hasta * hasta el final.

Vuelta 2: 6d, * 5r, 8d. * Repetir desde * hasta * terminando 5r, 6d.

Vuelta 3: 7r, * 3d, 10r. * Repetir desde * hasta * terminando 3d, 7r.

Vuelta 4: 8d, * 1r, 12d. * Repetir desde * hasta * terminando 1r, 8d.

Vuelta 5: 4d, * 9r, 4d. * Repetir desde * hasta * hasta el final.

Vuelta 6: 6r, * 5d, 8r. * Repetir desde * hasta * terminando 5d, 6r.

Vuelta 7: 7d, * 3r, 10d. * Repetir desde * hasta * terminando 3r, 7d.

Vuelta 8: 8r, * 1d, 12r. * Repetir desde * hasta * terminando 1d, 8r.

Vuelta 9: Derecho

Vuelta 10: Revés.

Estas 10 vueltas forman el patrón de la parte delantera y se repiten todo el tiempo.

Continúa el patrón hasta que la pieza mida aprox. 40 cm, terminando en una vuelta 10.

Cierra puntos.

PARTE TRASERA

Panel 1

Usando las agujas de 4 ½ mm, montar 82p y trabajar en p p con la orilla de puntada seguida como se indica aquí:

Vuelta 1 (lado derecho): Derecho

Vuelta 2: 2d, revés hasta las últimas 2p, 2d.

Continúa como en las últimas 2 vueltas, hasta que el trabajo mida aprox. 19 cm, terminando en una vuelta 2.

Ahora trabaja 12 vueltas en puntada de musgo a lo largo de todas las puntadas.

Cierra puntos en puntada de musgo.

Panel 2

Trabaja como en el panel 1 hasta que hayas completado 6 vueltas de puntada de musgo.

Siguiente vuelta: (Haz los ojales): trabaja 19p, cierra 3p, trabaja 38p (incluyendo la p en la aguja después de cerrar puntos), cierra 3p, trabaja hasta el final.

Siguiente vuelta: Trabaja en puntada de musgo, pero monta 3p sobre las p cerradas de la vuelta anterior. Trabaja 4 vueltas más en puntada de musgo, luego cierra puntos.

Para terminar

Trabaja todas las orillas cuidadosamente. Con el lado derecho de frente, coloca con alfileres los paneles 1 y 2 del cojín en el panel frontal, encima un poco para la banda de los botones. Cose en su lugar a lo largo las orillas, usando una puntada trasera fina. Voltea el lado derecho hacia afuera y cose los botones en donde corresponden con los ojales.

Suéter de hombre

Cualquier hombre estaría complacido de usar este suéter tejido con un suave estambre de manchas multicolores y sombras. Perfecto para los fines de semana o los días de la semana en que sólo se quiere relajar. Las agujas grandes y el estambre grueso lo hacen muy fácil y rápido de tejer. El cuello en V y la banda del mismo le dan un interés extra.

Clasificación

★★☆ (Intermedio)

Medidas

Para ajustar en el pecho 102/107 cm

Medidas actuales

Pecho: 111 cm
Largo de los hombros: 72 cm
Largo de la manga: 50 cm

Materiales

- 9 × 100 g estambre grueso de colores similares.
- Un par de agujas de 5 ½ mm
- Un par de agujas de 6 ½ mm
- Aguja cable
- Una aguja de coser con ojillo grande

Tensión

14p × 19 vueltas sobre puntada de jersey = 10 cm usando las agujas de 6 ½ mm

Abreviaciones especiales

T12p = Trabajar 12 puntos como se indica: Deslizar los primeros 6p en la aguja cable y dejarlos atrás del trabajo; derecho los siguientes 6p, ahora derecho los 6p de la aguja cable.

Nota: El estambre puede ser muy suave y romperse fácilmente, así que cuando cosas la prenda usa muchas puntadas seguidas en las costuras.

ESPALDA

Usando las agujas de 5 ½ mm, montar 78p flojos.
Comienza la costilla como se muestra:
Vuelta 1: (2d, 2r) hasta los últimos 2p, 2d.
Vuelta 2: (2r, 2d) hasta los últimos 2p, 2d.
Trabaja 6 vueltas más de la costilla como se estableció.
Cambia a las agujas de 6 ½ mm y procede en p p hasta
que el trabajo mida 70 cm, terminando en una vuelta
de revés.

Forma del hombro

Cerrar 13p al inicio de las siguientes 4 vueltas. Cerrar
los 26p restantes.

FRENTE

Usando las agujas de 5 ½ mm, montar 78p flojos.
Comienza la costilla como se indica:
Vuelta 1: (2d, 2r) hasta los últimos 2p, 2d.
Vuelta 2: (2r, 2d) hasta los últimos 2p, 2d.
Trabaja 5 vueltas más la costilla como se estableció.
Vuelta 1: (LC) 54d, 3r, agrega en cada uno de los sig.
6p, 3r, 12d. (84p)
Vuelta 2: 12r, 3d, 12r, 3d, 54r.
**Vuelta 3: 54d, 3r, t12p, 3d, 54r.
Vuelta 4: 12r, 3d, 12r, 3d, 54r.
Vuelta 5: 54d, 3r, 12d, 3r, 12d.
Repetir las vueltas 4 y 5, 6 veces más. (14 vueltas en
total)
Siguiente vuelta: Como en la vuelta 4. **
Estas 16 vueltas forman el panel y se repiten desde **
hasta **.
Continúa en el patrón como se estableció hasta que el
trabajo mida 50 cm, terminando en una vuelta del lado
del revés.
Divide para el cuello.
Siguiente vuelta: Modela 36p, voltea y trabaja de este
lado primero.
Siguiente vuelta: 2rj, revés hasta el final.
Reduce 1p al final de la siguiente y las próximas 4
vueltas alternadas. (30p)
Ahora reduce 1p al final de cada una de las siguientes
4as vueltas hasta que queden 26p.
Continúa recto hasta que empaten el frente y la espalda
para comenzar la forma del hombro, termina con el
lado derecho de frente a ti para la siguiente vuelta.

Forma del hombro

Cerrar 13p al inicio de las siguientes 4 vueltas. Cerrar los 26p restantes.

Siguiente vuelta: Revés.

Siguiente vuelta: Cerrar 13p, derecho hasta el final.

Con el lado derecho de frente, vuelve a unir estambre a los p restantes, cierra 6p flojos para la apertura central del cuello, trabaja hasta el final de la vuelta.

Manteniendo continuidad con el panel frontal, sin tomar en cuenta los 6p extras agregados en el panel, trabaja la forma del cuello para que empate con el otro lado, invirtiendo las formas mientras lo haces. Nota: En la vuelta final antes de darle forma al hombro, reduce 6p a lo largo del panel frontal.

MANGAS

Usando las agujas de 5 ½ mm, montar 40p flojos.

Ahora comienza el patrón como se indica:

Trabaja 7 vueltas en costilla 2d, 2r.

Cambia a las agujas de 6 ½ mm y procede con el patrón como se indica:

Continúa en p p, comenzando con una vuelta de derecho, y al mismo tiempo agrega 1p en cada orilla de cada 7ª vuelta y en cada siguiente 8ª vuelta hasta que tengas 60p en la agujas.

Ahora agrega 1p en cada orilla de cada 10ª vuelta hasta que tengas 58p.

Continúa dando forma hasta que el trabajo mida 51 cm o tenga el largo que desees, terminando en una vuelta de revés.

Dandole forma a la parte de arriba

Cierra 3p al inicio de las siguientes 4 vueltas. Ahora cierra 4p al inicio de las siguientes 10 vueltas. (6p)

Cierra puntos

Para terminar y orilla del cuello

Une la costura del hombro derecho.

Orilla del cuello

Con el lado derecho de frente y usando las agujas de 5 mm, levanta y teje de derecho 40p abajo al lado izquierdo del cuello. Trabaja en costilla 2d, 2r hasta que la orilla del cuello encaje a lo largo del centro de enfrente. Cierra puntos en costilla. Con el lado derecho de frente y usando las agujas de 5 mm, levanta y teje de derecho 40p del lado derecho del cuello y 30 de la parte de atrás del cuello. (70p). Trabaja en costilla en 2d, 2r hasta que la orilla del cuello empate con el otro lado. Cierra puntos en costilla.

Jala hacia abajo los lados de la orilla hacia la base del cuello en V, derecho sobre izquierdo. Une la orilla del cuello y la costura del hombro. Une las costuras laterales y de las mangas. Inserta las mangas.

Estola de cachemira

Enróllate en el lujo de esta hermosa estola de cachemira. Trabajada en dos puntadas abiertas diferentes, necesitarás tiempo y paciencia para crear tu proyecto. Siempre marca en qué vuelta estás trabajando cuando tomes un descanso, para que así puedas continuar en la vuelta correcta.

Clasificación

★★★ (Avanzado)

Medidas

Largo: 158 cm
Ancho: 54 cm

Materiales

- 7 × 50 g estambre Cachemira. Azul marino
- Un par de agujas de 4 ½ mm

Tensión

24p × 34 vueltas de puntada abierta = 10 cm usando las agujas de 4 ½ mm

ESTOLA

Usando las agujas de 4 ½ mm, montar 120p. 8 vueltas de derecho en puntada seguida.

Ahora comienza el patrón como se indica:

Patrón A

Vuelta 1 (lado derecho): 4d, *1d, 2dj, pasa el estambre hacia delante, 1d, pasa el estambre hacia delante, 2dj por atrás de la lazada, 1d. * Repetir desde * hasta * hasta las últimas 4p, 4d.
Vuelta 2 y las siguientes alternadas: 4d, revés hasta las últimas 4p, 4d.
Vuelta 3: 4d, *2dj, pasar el estambre hacia delante, 3d, pasar el estambre hacia delante, 2dj por atrás de la lazada. * Repetir desde * hasta * hasta las últimas 4p, 4d.
Vuelta 5: 4d, *2d, pasa el estambre hacia delante, 3dj, pasa el estambre hacia delante, 2d. * Repetir desde * hasta * hasta las últimas 4p, 4d.
Vuelta 6: 4d, revés hasta las últimas 4p, 4d.
Estas 6 vueltas forman el Patrón A y se repiten todo el tiempo.

Mantén 4p en cada orilla de vuelta en puntada seguida y trabaja 25 cm en el Patrón A, terminando en una 6ª vuelta del patrón.

Ahora comienza el Patrón B como se indica:

Patrón B

Vuelta 1 (lado derecho): 5d, * pasa estambre hacia delante, 3d, desliza 1, 2dj, pasa la pd por encima, 3d, pasa estambre hacia delante, 1d. * Repetir desde * hasta * hasta las últimas 4p, 4d.
Vuelta 2 y las siguientes alternadas: 4d, revés hasta las últimas 4p, 4d.
Vuelta 3: 5d, *1d, pasa estambre hacia delante, 2d, desliza 1, 2dj, pasa la pd por encima, 2d, pasa estambre hacia delante, 2d. *Repetir desde * hasta * hasta las últimas 4 p, 4d.
Vuelta 5: 5d, *2d, pasa estambre hacia delante, 1d, desliza 1, 2dj, pasa la pd por encima, 1d, pasa estambre hacia delante, 3d. *Repetir desde * hasta * hasta las últimas 4p, 4d.
Vuelta 7: 5d, *3d, pasa estambre hacia la derecha, desliza 1, 2dj, pasa la pd por encima, pasa estambre hacia delante, 4d. *Repetir desde * hasta * hasta las últimas 4p, 4d.
Vuelta 8: 4d, revés hasta las últimas 4p, 4d.
Éstas son las 8 vueltas que forman el Patrón B y se repiten todo el tiempo.

Continúa con el patrón B hasta que el trabajo mida 102 cm desde el inicio del patrón B, terminando en una 8ª vuelta del patrón.
Trabaja 4 vueltas de puntada seguida, agrega 1p en el centro de la última vuelta. (120p)
Trabaja 25 cm del patrón A, terminando en una 6ª vuelta del patrón.
Trabaja 8 vueltas en puntada seguida. Cierra puntos. Trabaja todas las orillas cuidadosamente.

Bolsa de día

Es un proyecto para una tejedora más experimentada, esta bolsa de día con trenzas tomará cierto tiempo y paciencia para terminarla. Es lo suficientemente grande para que quepan todas tus cosas personales, seguro se volverá una de tus bolsas favoritas. Se hace en tres piezas separadas, luego se cose y finalmente se le hace el ribete contrastante.

Clasificación

 (Avanzado)

Medidas

Ancho: 36 cm
Profundidad: 20 cm

Materiales

- 3 × 100 g estambre gris
- pedazo de estambre color avena
- Un par de agujas de 6 mm
- Un par de agujas de 6 ½ mm
- Un par de agujas de 4 ½ mm
- Agujas cable y marcadores de puntadas
- 2 botones grandes de presión

Tensión

12p × 18 vueltas de punto de jersey = 10 cm usando las agujas de 6 ½ mm

Abreviaciones especiales

D6a = desliza las sig. 3p en la aguja cable, déjalo atrás del trabajo, derecho las sig. 3p, luego derecho las 3p de la aguja cable.

D8a = desliza las sig. 4p en la aguja cable, déjalo atrás del trabajo, derecho las sig. 4p, luego derecho las 4p de la aguja cable.

D8f = desliza las sig. 4p en la aguja cable, déjalo al frente del trabajo, derecho las sig. 4p, luego derecho las 4p de la aguja cable.

PANEL DE LA BOLSA

El panel de la bolsa se trabaja en ambos lados (trabaja 2 piezas iguales)
Usando las agujas de 6 ½ mm y el color gris, montar 44p.
Una vuelta de revés.
Ahora comienza con el patrón como se indica:
Vuelta 1 (lado derecho): 4r, d6a, 4r, d8a, d8f, d8f, 4r, d6a, 4r.
Vuelta 2: 4d, 6r, 4d, 4r, (1d, 1r) 4 veces, 4r, 4d, 6r, 4d.
Vuelta 3: 4r, 6d, 4r, 4d, (1r, 1d) 4 veces, 4d, 4r, 6d, 4r.
Vuelta 4: Como la vuelta 2.
Vuelta 5: Como la vuelta 3.
Vuelta 6: Como la vuelta 2
Vuelta 7: 4r, 6d, 4r, 16d, 4r, 6d, 4r.
Vuelta 8: 4d, 6r, 4d, 16r, 4d, 6r, 4d.
Vuelta 9: Como la vuelta 7.
Vuelta 10: Como la vuelta 8.
Estas 10 vueltas forman el patrón y se repiten todo el tiempo.
Continúa con el patrón 5 repeticiones más.
Siguiente vuelta: Como la vuelta 1 del patrón
Siguiente vuelta: Como la vuelta 2 del patrón.
Cierra puntos firmemente en el patrón.
Con el lado derecho de frente, levanta y teje de derecho 38p igualmente a lo largo de la orilla del panel principal.
Trabaja en puntada seguida 10 vueltas.
Ahora divide el trabajo para la agarradera.
Siguiente vuelta: 13, cierra 12p, derecho hasta el final.
Trabaja de manera separada en cada grupo de 13p.
Siguientes 2 vueltas: Trabaja en puntada seguida. NO cortes el estambre, desliza p en la aguja de repuesto. Une estambre nuevo para las 13p restantes, 2 vueltas de derecho de puntada seguida, corta el estambre. Regresa al primer grupo de 13p, derecho en todas estas p, monta 12p, derecho en el otro grupo de 13p.
Continúa en puntada seguida 4 vueltas.
Siguientes 6 vueltas: Cierra 2p, derecho hasta el final.
(26p) Trabaja 4 vueltas de puntada seguida en estas p, luego cierra puntos.
Trabaja el otro panel de la bolsa para que empate.

Puntada acortada de los lados (gusset)

Usando las agujas de 6 mm y el estambre gris, montar 16p y trabajar puntada seguida hasta que la pieza sea lo suficientemente larga para ajustar alrededor de la bolsa, empezando y terminando en el punto en donde las p se cerraron para la forma de arriba de la bolsa. Recuerda deslizar la 1ª p en cada vuelta para dar un terminado más limpio. Cierra puntos.

Ribete de la orilla de la agarradera y la apertura

El ribete se hace usando un cordón tejido (I-cord). A pesar de que el método suena un poco complicado, cuando lo intentes verás que es muy sencillo y rápido de hacer.
Usando las agujas de 4 ½ mm de doble punto y el estambre color avena, montar 4p. La 1ª vuelta de derecho. Desliza las puntadas a la otra punta de la aguja. El estambre que se está trabajando está debajo de la vuelta. De derecho

nuevamente, jalando el estambre de trabajo hacia atrás del trabajo para que puedas tejer con él. Nuevamente desliza las puntadas a la punta opuesta de la guja. Repite de esta forma y mientras jalas el estambre, la parte de atrás se va a ir cerrando sola, como magia. Continúa hasta que la pieza sea tan larga como el largo de la asa. Cierra puntos. Ahora haz dos piezas pequeñas: Éstas son para las orillas de la apertura para la mano de cada lado de la bolsa.

Para terminar

Trabaja todas las orillas cuidadosamente. Coloca la puntada acortada en medio de los dos paneles, comenzando y terminando de cada lado. Cóselo en su lugar. Cose el ribete alrededor de la parte superior de la bolsa y también alrededor de la asa. Dobla los lados de la bolsa hacia dentro y cose un broche en cada lado para mantenerlos en su lugar.

Sombrero besos y abrazos

El tiempo y la paciencia serán recompensados cuando termines este lindo sombrero en aran. Hecho con un estambre de pura lana aran, las puntadas usadas, a pesar de ser tan sencillas, dan un sorprendente efecto cuando se ven tejidas. La trenza que se usa aquí, en ocasioncs se conoce como "besos y abrazos" por los círculos y cruces que se hacen con la puntada. Sugiero tener cuidado cuando "establezcas" las puntadas del patrón en las primeras vueltas, ya que esto hará más sencillo seguirlas conforme vayas avanzando.

Clasificación

☆☆☆ (Experimentada)

Medidas

Un tamaño (para encajar en la cabeza de una mujer adulta)

Materiales

- 1 × 100 g lana aran. Azul rey
- Un par de agujas de 3 ¾ mm
- Un par de agujas
- Un par de agujas de 4 ½ mm
- Una aguja cable

Tensión

18p × 22 vueltas sobre punto de jersey = 10 cm usando las agujas de 4 ½ mm

Abreviaciones especiales

T2f = tuerce 2 frentes trabajados sobre las siguientes 2p. Derecho en la parte de enfrente de la segunda puntada, pero no se desliza fuera de la aguja. Ahora derecho en la 1ª puntada de la forma normal y se deslizan las dos puntadas fuera de la aguja juntas.

T2a = tuerce 2 hacia trabajadas sobre las siguientes 2 p. Derecho en la parte de atrás de la 2ª p pero no se desliza fuera de la aguja. Ahora derecho en la parte de enfrente de la 1ª p de la forma normal y se deslizan las dos puntadas fuera de la aguja juntas.

Ac4f = desliza las dos siguientes puntadas en la aguja cable y déjala al frente del trabajo. Derecho las siguientes 2 puntadas, luego derecho las dos puntadas de la aguja cable.

Ac4a = desliza las dos siguientes puntadas en la aguja cable y déjala atrás del trabajo. Derecho las siguientes 2 puntadas, luego derecho las dos puntadas de la aguja cable.

SOMBRERO

Usando las agujas de 3 ½ mm y el método del pulgar,
montar 108p. Trabaja 8 vueltas en costilla 2d, 2r.

Vuelta de agregar: 9r, [agrega en cada una de las sig. 2p,
13r] 6veces, agrega en cada una de las sig. 2p, 7r. (122p)
Cambia a las agujas de 4 ½ mm y comienza el patrón como
se indica:

Vuelta 1 (lado derecho): 2r, [*t2f, 1r, 8d, 1r, t2a*, 3r] 7
veces, 1r.

Vuelta 2: 1d, [1d, derecho enfrente y atrás de la sig. p 5
veces, luego desliza las 1as 4p sobre la p del final, formando
así una pequeña burbuja, 1d, *2r, 1d, 8r, 1d, 2r*] 7 veces, 2d.

Vuelta 3: 2r, [*t2f, 1r, ac4f, ac4a, 1r, t2a*, 3r] 7 veces, 1r.

Vuelta 4: 1d, [3d, *2r, 1d, 8r, 1d, 2r*] 7 veces, 2d.

Vuelta 5-10: Repetir las últimas 4 vueltas una vez, luego
repetir vueltas 1 y 2 nuevamente.

Vuelta 11: 2r, t2f, 1r, ac4a, ac4f, 1r, t2a*, 3r] 7 veces, 1r.

Vuelta 12: Como en la vuelta 4.

Vuelta 13-14: Como en la vuelta 1 y 2.

Vuelta 15: Como en la vuelta 11.

Vuelta 16: Como en la vuelta 4.

Estas 16 vueltas forman el patrón. Repítelas hasta que el
trabajo mida 16.5 cm, terminando con una vuelta 4 del
patrón.

Ahora comienza la coronilla como se indica:

Vuelta 1: 2r, * vuelta 3 del patrón, 2d, (2dj) dos veces, 2d,
vuelta 6 del patrón; repetir desde * 6 veces, 1r. (108p)

Vuelta 2 y las demás vueltas alternadas: 1r, (1d, 1r) hasta
la última p, 1d.

Vuelta 3: (costilla 9, 3rj) 9 veces. (90p)

Vuelta 5: (costilla 7, 3rj) 9 veces. (72p)

Vuelta 7: (costilla 5, 3rj) 9 veces. (54p)

Vuelta 9: (costilla 3, 3rj) 9 veces. (36p)

Vuelta 11: (1d, 3rj) 9 veces. (18p)

1 vuelta de costilla. Corta el estambre y deslízalo entre las
puntadas que quedan en la aguja. Remata y asegura.

Para terminar

Trabaja todas las orillas con cuidado. Cose la costura
posterior del sombrero empatando las costillas y el patrón.

Estuche campestre para piyama

Una mezcla de cachemira y seda se usa para crear este hermoso y femenino estuche para piyama. La pieza principal de este proyecto es en puntada doble de musgo, con un adicional de una rosa intarsia trabajada en plano. Un delicado borde de puntada abierta se teje por separado y luego se cose. Los lados se unen con un moño de listón de satín.

Clasificación

☆☆☆ (Experimentada)

Medidas

30 cm^2 con la solapa doblada encima

Materiales

- 4 × 50 g estambre color crema
- Pedazos de estambre en rosa pálido, rosa fuerte verde para la intarsia
- Un par de agujas de 4 mm
- Bobinas para estambre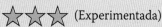

Tensión

22p × 30 vueltas de punto de jersey = 10 cm usando las agujas de 4 mm

ESTUCHE PARA PIYAMA

Usando las agujas de 4 mm, montar 66p.

Ahora comienza con el patrón como se indica:

Vuelta 1 (lado derecho): (1d, 1r) hasta el final.

Vuelta 2: Como la vuelta 1.

Vuelta 3: (1r, 1d) hasta el final.

Vuelta 4: Como la vuelta 3

Estas 4 vueltas completan el patrón.

Continúa con el patrón establecido hasta que el trabajo mida 60 cm, terminando con una vuelta del lado del revés.

Manteniendo el patrón corregir cualquier lado, comienza a trabajar la solapa como se indica:

Siguiente vuelta: Patrón 8, 50d, patrón 8

Siguiente vuelta: Patrón 8, 50r, patrón 8.

Continúa como se estableció por 16 vueltas más, terminando con una vuelta del lado del revés.

Ahora trabaja la intarsia rosa leyendo las vueltas en la gráfica de izquierda a derecha.

Nota: Una bola aparte del mismo color se necesitará usar en un lado de la gráfica y también vas a necesitar enrollar pequeñas bolas de estambre contrastante, uniendo y cortando estambre de los colores que se requieran.

Vuelta 1 (lado derecho): patrón 8, 19d, trabaja la 1ª vuelta de la gráfica sobre 17p, 14d, patrón 8.

Continúa con el trabajo de la gráfica y al mismo tiempo mantén el patrón del borde y el punto de jersey en cualquier lado como se estableció hasta que completes la gráfica.

Solamente usando el color principal, trabaja 18 vueltas.

Cierra puntos.

Trabaja la orilla abierta como se indica:

Usando las agujas de 3 ¾ mm, montar 7p.

Vuelta 1 (lado derecho): 1d, 2rj, enreda estambre sobre la aguja dos veces, 2dj, enreda estambre sobre la aguja dos veces, 2d.

Vuelta 2: 3d, (1r, 2d) dos veces.

Vuelta 3: 1d, 2dj, enreda estambre sobre la aguja, 2dj, 4d.

Vuelta 4: Cierra 2p, 3d (no incluyas la p en las agujas después de cerrar puntos), 1r, 2d.

Estas 4 vueltas forman el patrón. Repítelas hasta que la pieza sea lo suficientemente larga para encajar en toda la orilla de puntos cerrados de la solapa cuando esté un poco estirada. Cierra puntos.

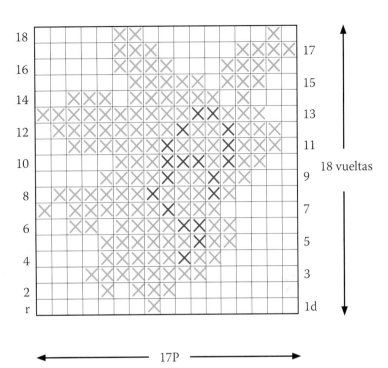

Para terminar

Trabaja las orillas de todas las piezas. Borda la rosa al centro de la solapa, siguiendo la gráfica y usando el método de la puntada suiza (ver pág. 29). Dobla la pieza del patrón a la mitad para el inicio de la solapa. Cose las costuras laterales. Toma la orilla abierta y colócala en su lugar en la orilla de puntos cerrados con alfileres. Cósela en esta posición cuidadosamente. Cose los listones en cada lado de la solapa.

Suéter torero

Un estambre de mohair y agujas gruesas se combinan para darle a este bonito suéter torero un terminado ligero y una textura de encaje. A pesar de ser un proyecto para una tejedora experimentada, es muy rápido de hacer. El patrón de puntada abierta consta de 8 vueltas, volviéndolo así razonablemente fácil de seguir. Un borde limpio completa la prenda.

Clasificación

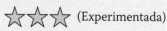 (Experimentada)

Medidas

Para un busto de 86/92 cm

Medidas actuales

de busto: 91 cm
Largo de hombros: 33 cm
Costura de la manga: 8 cm

Materiales

- 5 × 50 g estambre Mohair. Gris
- Un par de agujas de 5 ½ mm
- Un par de agujas de 5 mm

Tensión

17p × 24 vueltas del patrón de puntada abierta = 10 cm usando las agujas de 5 ½ mm

ESPALDA

Usando las agujas de 5 ½ mm, montar 77p. Una vuelta de revés.

Ahora comienza el patrón como se indica:

Vuelta 1 (lado derecho): 1d, *pasa estambre hacia delante, desliza 1, 2dj, pasa la pd por encima, estambre hacia delante, 5d.

Repetir desde * hasta las últimas 4p, pasa estambre hacia delante, desliza 1, 2dj, pasa la pd por encima, estambre hacia delante, 1d.

Vuelta 2 y las siguientes alternadas: Revés.

Vuelta 3: Como la vuelta 1.

Vuelta 5: 4d, *estambre hacia delante, desliza 1, 1d, pasa la pd por encima, 1d, 2dj, estambre hacia delante, 3d. Repetir desde * hasta la última p, 1d.

Vuelta 7: 1d, *pasa estambre hacia delante, desliza 1, 2dj, pasa la pd por encima, estambre hacia delante, 1d. Repetir desde * hasta el final.

Vuelta 8: Revés.

Estas 8 vueltas forman el patrón y se repiten todo el tiempo.

Continúa con el patrón por 3 repeticiones más, terminando con una vuelta 8.

Formando las sisas

Manteniendo el patrón correcto, montar 8p al inicio de las siguientes 2 vueltas. (61p) Continúa recto con el patrón hasta que el trabajo mida 19 cm, terminando con una vuelta de revés. Cierra puntos flojos.

FRENTE IZQUIERDO

Usando las agujas de 5 ½ mm, montar 20p.

Ahora comienza con el patrón como se indica:

Vuelta 1: Derecho.

Vuelta 2: 2d, revés hasta las últimas 2p, 2d.

Repetir las últimas 2 vueltas hasta que el trabajo mida 25.5 cm, terminando con una vuelta 2.

Siguiente vuelta: Derecho, agregar 9p de manera uniforme a lo largo de la vuelta. (29p)

Siguiente vuelta: Revés.

Coloca un marcador en la orilla de enfrente de la última vuelta.

Continúa con la puntada abierta como se indica:

Vuelta 1 (lado derecho): 1d, *pasa estambre hacia delante, desliza 1, 2dj, pasa la pd por encima, estambre hacia delante, 5d.

Repetir desde * hasta las últimas 4p, estambre hacia delante, desliza 1, 2dj, pasa la pd por encima, estambre hacia delante, 1d.

Vuelta 2 y las siguientes alternando: Revés.

Vuelta 3: Como la vuelta 1.

Vuelta 5: 4d, +estambre hacia delante, desliza 1, 1d, pasa la pd por encima, 1d, 2dj, estambre hacia delante, 3d. Repetir desde * hasta la última p, 1d.

Vuelta 7: 1d, *estambre hacia delante, desliza 1, 2dj, pasa la pd por encima, estambre hacia delante, 1d. Repetir desde * hasta el final.

Vuelta 8: Revés.

Estas 8 vueltas forman el patrón y se repiten todo el tiempo.

Continúa con el patrón como se estableció por 5 repeticiones más, terminando con una vuelta 8. ***

Formando las sisas

Montar 8p al inicio de la siguiente vuelta.

Continúa con el patrón hasta que el frente mida lo mismo que de la espalda al hombro, terminando en una vuelta de revés. Cierra puntos.

FRENTE DERECHO

Trabaja como en el frente izquierdo hasta ***.

Siguiente vuelta: Trabaja la vuelta 1 del patrón.

Fromando las sisas

Montar 8p al inicio de la siguiente vuelta. (21p)

Continúa con el patrón hasta que la medida sea la misma que de la espalda al hombro, terminando con una vuelta de revés. Cierra puntos.

MANGAS (hacer 2)

Usando las agujas de 5 ½ mm, montar 69p, 4 vueltas de derecho en puntada seguida.

Ahora comienza el patrón como se indica

Vuelta 1 (lado derecho): 1d, *estambre hacia delante, desliza 1, 2dj, pasa la pd por encima, estambre hacia delante, 5d.

Repetir desde * hasta las últimas 4p, estambre hacia delante, desliza1, 2dj, pasa la pd hacia delante, estambre hacia delante, 1d.

Vuelta 2 y las siguientes alternadas: Revés.

Vuelta 3: Como la vuelta 1.

Vuelta 5: 4d, *estambre hacia delante, desliza 1, pasa la pd por encima, 1d, 2dj, estambre hacia delante, 3d. Repetir desde * hasta la última p, 1d.

Vuelta 7: 1d, *estambre hacia delante, desliza 1, 2dj, pasa la pd por encima, estambre hacia delante, 1d. Repetir desde * hasta el final.

Vuelta 8: Revés

Estas 8 vueltas forman el patrón y se repiten todo el tiempo.

Continúa con el patrón por 2 repeticiones más, terminando con una Vuelta 8.

Cierra puntos.

ORILLA

Dobladillo de espalda

Usando las agujas de 5 mm y con el lado derecho de frente, vuelve a unir estambre y levanta y teje de derecho 77p a lo largo de la orilla de la parte de debajo de la espalda. Cierra puntos como se indica: *cerrar 2p, desliza la p por atrás a la aguja de la mano izquierda, montar 2p, cerrar 4p. Repetir desde * hasta el final.

Orilla de enfrente del lado izquierdo

Usando las agujas de 5 mm y con el lado derecho de frente, vuelve a unir estambre en el hombro izquierdo. Levanta y teje de derecho aprox. 3p de cada 4 vueltas hacia abajo del borde delantero del marcador. Trabaja una vuelta de cerrar puntos como en el dobladillo de la espalda.

Orilla delantera y trasera del cuello

Cose la costura del hombro derecho. Usando las agujas de 5 mm y con el lado derecho de frente, vuelve a unir estambre en el marcador, levanta y teje de derecho aprox. 3p de cada 4 vueltas hacia arriba de la parte delantera, levanta 27p de la parte trasera del cuello. Trabaja las orillas, cerrando puntos como lo hiciste con el dobladillo de la espalda.

Para terminar

Cose la costura del hombro izquierdo. Coloca el centro de la parte superior de la manga en las costuras de los hombros, luego cose las mangas de igual forma a la espalda y al frente. Cose las últimas 8 vueltas de la manga a los puntos cerrados de la espalda y del frente. Ahora une las costuras laterales y la de la manga con 4 repeticiones del patrón.

Calentadores de corazones

Diferentes tonos de rosa se combinan con un patrón hermoso para crear estos lindos calentadores. Tejidos con la lana más pura y suave, te mantendrán calientita en los días fríos. Tienen pequeños corazones tejidos y otros cosidos en los lazos para embellecerlos aún más.

Clasificación

☆☆☆ (Experimentada)

Medidas

Ancho: 33 cm
Largo: 43 cm

Materiales

- 2 × 50 g Rowan lana pura. 4 hebras Color frambuesa (A)
- 1 × 50 Rowan lana pura. 4 hebras. Color Rosa claro (B)
- 1 × 50 Rowan lana pura. 4 hebras. Color crudo (C)
- Un par de agujas de 3 ¾ mm
- Un poco de relleno

Tensión

26p × 34 vueltas sobre punto de jersey = 10 cm usando las agujas de 3 ¾ mm

Nota: Esta puntada de fantasía se trabaja con el método de la hebra: El estambre se lleva flojito por la parte de atrás del trabajo, capturándolo en cada 4° punto cuando se necesite. Ten cuidado de no jalar el estambre para que no quede muy apretado, ya que esto terminará frunciendo el tejido. El patrón se trabaja con las gráficas, leyendo las vueltas de derecha a izquierda en las vueltas de derecha y de izquierda a derecha en las vueltas de revés.

CALENTADORES (hacer 2 iguales)

Usando las agujas de 3 ¾ mm y el color C, montar 80p flojitos, sueltos.

Comienza el patrón como se indica:

Trabaja 2 vueltas 2d, 2r, de la costilla. Cambia al estambre B.

Trabaja 4 vueltas 2d, 2r, de la costilla. Cambia al estambre A.

Trabaja 10 vueltas 2d, 2r, de la costilla.

Cambia a p p y continúa con el color A.

Comenzando con una vuelta de derecho, trabaja 16 vueltas p p.

Une el estambre B y trabaja 4 vueltas de la gráfica B.

Corta el estambre B.

Continúa con el color A y trabaja 10 vueltas más p p. Une el estambre C.

Ahora trabaja 9 vueltas del Corazón de la gráfica A. Corta el estambre C.

Continúa con el estambre A y trabaja 11 vueltas p p. Une el estambre B.

Ahora trabaja 4 vueltas de la gráfica B. Corta el estambre B.

Continúa con el estambre A y trabaja 10 vueltas p p. Une el estambre C.

Ahora trabaja 9 vueltas del Corazón de la gráfica A. Corta el estambre C.

Continúa con el estambre A y trabaja 11 vueltas p p. Une el estambre B.

Ahora trabaja 4 vueltas de la gráfica B. Corta el estambre B.

Continúa con el estambre A y trabaja 16 vueltas p p.

Ahora trabaja 10 vueltas 2d, 2r, de la costilla, corta el estambre A, une el estambre B

Ahora trabaja 4 vueltas 2d, 2r, de la costilla, corta el estambre B, une el estambre C.

Trabaja 2 vueltas 2d, 2r, de la costilla, cierra puntos de la costilla.

Corazones (hacer 2 en cada color B y C)

Usando las agujas de 3 ¾ mm, montar 2p.

Vuelta 1: Agregar derechos en cada p.

Vuelta 2: revés.

Vuelta 3: Agregar en el 1er p, d hasta los últimas 2p, agregar en el último p.

Vuelta 4: Revés.

Repetir las últimas 2 vueltas 4 veces más. (14p)

Siguiente vuelta: 2dj, 5d y voltea, dejando las 7p restantes en la aguja.

Siguiente vuelta: 2rj, 2r, 2rj.

Cierra 4p.

Regresa a los p principales, vuelve a unir estambre y procede como se indica:

Siguiente vuelta: 5d, 2dj.

Siguiente vuelta: 2rj, 2r, 2rj.

Cierra 4p.

Para terminar

Trabaja todas las orillas cuidadosamente. Cose las costuras de los calentadores empatando los patrones y los colores. Cose los pequeños corazones en pares. Lado derecho por dentro. Deja una pequeña apertura para que puedas voltear el corazón al lado derecho. Coloca una pequeña cantidad de relleno dentro del corazón y luego cose la apertura. Haz los otros 3 corazones de la misma forma. Haz un cordón enrollado de aprox. 76 cm de largo. Usando una aguja de bordar, pasa el cordón a través del tejido, justo debajo de la costilla, amarra del lado de la pierna. Amarra un corazón en cada orilla del cordón. Haz otro cordón igual y pásalo por el otro calentador.

GRÁFICA A

GRÁFICA B

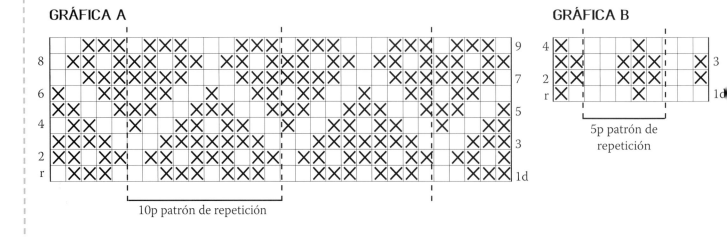

10p patrón de repetición

5p patrón de repetición

Agradecimientos

Mis agradecimientos van a las siguientes personas por su ayuda y apoyo durante el tiempo que trabajé en este libro:

A Coast Patons y Rowan Yarns por su amable donación de algunos de los estambres para los proyectos de mi libro. A Pat Benison, Julie Ogden y Kat Arney por su ayuda con algunos de los tejidos de los proyectos. A Corinne Masciocchi y el equipo en New Holland Publishing porque y sin su guía y ayuda este libro no habría sido posible. A Mark Winwood por su maravillosa fotografía. Y por último, pero no menos importante, a mis queridos amigos y familia por su apoyo y paciencia a lo largo del trabajo involucrado.

Índice

TÍTULOS DE ESTA COLECCIÓN

Bordado

Costura

Decoración con cuentas

El arte de la costura para principiantes

Juguetes suaves

Patchwork

Punto de cruz

Tejido y ganchillo

Me encanta... tejer con ganchillo

Me encanta... tejer con agujas